LA DIETA DE LOS ZUMOS

LA DIETA DE LOS ZUMOS

• PERDER PESO • ELIMINAR TOXINAS • TONIFICAR
• CONSERVAR LA LÍNEA Y LA SALUD

BLUME

CHRISTINE BAILEY

BLUME

Título original:
The Juice Diet

Edición:
Grace Cheetham
Judy Barratt

Diseño:
Suzanne Tuhrim

Fotografía:
Simon Smith
Toby Scott

Estilismo:
Mari Williams
Jennie Shapter

Traducción:
Remedios Diéguez Diéguez

Revisión científica de la edición en lengua española:
Margarita Gutiérrez Manuel
Médico homeópata

Coordinación de la edición en lengua española:
Cristina Rodríguez Fischer

Primera edición en lengua española 2013

© 2013 Naturart, S.A. Editado por BLUME
Av. Mare de Déu de Lorda, 20
08034 Barcelona
Tel. 93 205 40 00 Fax 93 205 14 41
e-mail: info@blume.net
© 2011 Duncan Baird Publishers, Londres
© 2011 del texto Christine Bailey

ISBN: 978-84-15317-13-5

Impreso en China

Nota del editor

La información que contiene este libro no pretende
sustituir los consejos y los tratamientos médicos.
La información y las recetas no son adecuadas si está
embarazada o en período de lactancia, si es menor
de 18 años, si tiene programada una operación
quirúrgica o ha sido operado recientemente, si es
diabético o padece síndrome metabólico, enfermedad
de Wilson, sida o cualquier otra enfermedad. Si tiene
necesidades dietéticas especiales o cualquier otro
problema de salud, es recomendable que consulte
con su médico antes de poner en práctica la información
y las recetas que contiene este libro. Los editores y
las personas relacionadas con esta publicación no
son responsables de los posibles errores u omisiones,
accidentales o no, que puedan hallarse en las recetas
o el texto, ni de los problemas que pudiesen derivarse
de la preparación de alguna de las recetas o de seguir
los consejos que contiene este libro.

Notas sobre las recetas

A menos que se den otras indicaciones,
utilice frutas y verduras de tamaño mediano.
Use ingredientes frescos, incluidas hierbas y especias.
1 cucharadita = 5 ml   1 cucharada = 15 ml   1 taza = 250 ml
Las recetas de este libro son para una persona.

Agradecimientos de la autora

Gracias a todo el personal de DBP, en especial a Judy
y Grace, por su apoyo incansable y sus consejos.
Un agradecimiento especial a mi maravilloso y
alentador marido, Chris, y a mis queridos hijos, Nathan
Isaac y Simeon, que han probado todas las recetas
y han disfrutado ayudándome en su elaboración.

contenido

introducción

Si desea sentirse más delgado, más sano y con más energía, la sensacional
dieta de los zumos está pensada para usted. Este libro, con más de 100 recetas
deliciosas, demuestra lo fácil que resulta deshacerse de los kilos de más,
al tiempo que aporta a su cuerpo una auténtica inyección de salud. Sean cuales
sean sus objetivos en cuanto a salud y peso, la dieta de los zumos tiene un plan
perfecto para usted. Si lo que busca es un programa de adelgazamiento rápido,
empiece con el Programa de fin de semana. Si desea algo más lento y constante,
pruebe la Semana de zumos, con un programa diario de comidas ligeras y zumos
deliciosos que le ayudará a deshacerse del exceso de peso en sólo siete días.
Si prefiere una estrategia a largo plazo, dispone del programa de Zumos
de por vida. Este libro engloba todos los ámbitos del bienestar físico, ya que
incluye zumos especiales para realzar la belleza, la energía y el sistema
inmunológico. *La dieta de los zumos* le ofrece 100 recetas que le ayudarán
a sentirse mejor en todos los aspectos en un tiempo récord.

¿por qué seguir la dieta de los zumos?

Los zumos frescos depuran el organismo. Su elevado contenido en agua contribuye a hidratar el cuerpo y a eliminar desechos. Contienen compuestos como el ácido cítrico y el ácido málico, pectina y clorofila, capaces de absorber grasas y toxinas del tracto digestivo. Y todo ello facilita la pérdida de peso.

Además, aportan vitaminas, minerales, fitonutrientes y aminoácidos que mejoran la salud. Ricos en antioxidantes, protegen contra los dañinos radicales libres y favorecen el funcionamiento del hígado. Los zumos también son ricos en enzimas beneficiosas para la digestión y la absorción de nutrientes, con la consiguiente producción de energía y la mejora del metabolismo.

Todos los zumos de este libro están formulados con total esmero para garantizar la pérdida de peso. Los zumos son ricos en nutrientes beneficiosos para los sistemas del organismo, además de depurarlos y, lo que es más importante, activar el metabolismo. Así, la pérdida de peso no requiere ningún esfuerzo. Cada receta de este libro incluye un análisis de nutrientes, la cantidad exacta de calorías, proteínas, carbohidratos y grasas. Esos datos proporcionan una visión esencial de todos los beneficios que va a aportar a su cuerpo. Además, cada uno de los 100 zumos

beneficios de la dieta de los zumos

Incluir zumos frescos en la dieta potencia la capacidad de depuración y sanación del organismo, además de aportar los siguientes beneficios:

• perderá peso
• reducirá la celulitis y la distensión
• mejorará la digestión

• aumentará su energía y su vitalidad
• tendrá una piel más uniforme y más radiante, y unas uñas y un cabello más sanos
• padecerá menos infecciones como la gripe
• se reducirá su presión sanguínea
• mejorará su capacidad de concentración

incluidos resulta delicioso; por tanto, elija el zumo que elija, y con independencia del plan que siga, siempre saldrá ganando.

¿Cómo funciona la dieta de los zumos?

Además de asegurarse de que el cuerpo obtiene todos los nutrientes que necesita para perder peso, la dieta de los zumos está diseñada para favorecer la digestión y la función del hígado de dos maneras específicas para fomentar la pérdida de peso. En primer lugar, reduce de la dieta la cantidad de toxinas a las que está expuesto el organismo. En segundo lugar, proporciona nutrientes que favorecen el funcionamiento óptimo del tracto digestivo y del hígado.

El tracto digestivo procesa los alimentos que ingerimos e intenta depurar el organismo (principalmente a través del hígado). Casi todas las dietas actuales están muy alejadas de su estado natural, de manera que los alimentos carecen de los nutrientes que necesitan el sistema digestivo y el hígado para funcionar correctamente. Cuando el cuerpo intenta eliminar los desechos, en nuestro interior se acumulan contaminantes (toxinas) que suponen un esfuerzo para el sistema excretor, y ello dificulta la pérdida de peso: si no somos capaces de eliminar toxinas, el cuerpo las almacena en las células adiposas. Cuantas más toxinas haya en el organismo, más células adiposas necesitará para almacenarlas.

Una ayuda importante para perder peso es la fibra: el sistema digestivo y el excretor necesitan fibra para eliminar los desechos del cuerpo. Aunque en la preparación de zumos se pierde gran parte de la fibra, la dieta de los zumos incluye fibras solubles (como cáscaras de plantago, semillas de lino, frutos secos y otras semillas) y numerosos batidos con frutas enteras. Es muy sencillo: la dieta de los zumos funciona porque depura el organismo para perder peso de la forma más natural posible.

Perder peso y tener buen aspecto

Su actividad y sus niveles de estrés, su peso actual y lo riguroso que sea siguiendo las dietas influirán en la pérdida de peso. Recuerde que tener un buen aspecto no consiste sólo en lo que pesamos, sino también en ser más esbelto y en sentirse más sano y joven. Todo ello resultará evidente en su aspecto, su piel y su cabello, así como en su nivel de energía. La dieta de los zumos está pensada para sentirse más delgado y más vivo, para mejorar su salud.

los programas de la dieta de los zumos

Este libro está dividido en seis capítulos distribuidos en dos partes. La primera se dedica a tres programas con zumos: el Programa de fin de semana, la Semana de zumos y Zumos de por vida. Estos programas incluyen zumos y ejemplos de dietas diseñadas para ayudarle a perder peso. La segunda parte del libro incluye zumos pensados para mejorar la piel, el cabello y las uñas; aumentar su energía y vitalidad, y favorecer su sistema inmunológico. Puede combinar estos zumos con cualquiera de los programas de la dieta o bien consumirlos aunque no siga un programa específico; aportarán variedad y muchísimos nutrientes a su dieta habitual.

Programa de fin de semana Se trata de un ayuno de dos días a base de zumos. Combina cuatro zumos diarios con tentempiés y comidas ligeras, básicamente a base de alimentos crudos, para mantener alto el metabolismo y facilitar una pérdida de peso rápida. Las recetas de los zumos se centran en ingredientes que ayudan a depurar el organismo y a reponer los nutrientes necesarios para una buena digestión y una función óptima del hígado.

Semana de zumos Es un programa de siete días con tres o cuatro zumos y batidos diarios, y comidas ligeras, para acelerar la eliminación de toxinas y favorecer la pérdida de peso. Incluye zumos para depurar, para estabilizar los niveles de azúcar en sangre y para reducir el hambre y la ansiedad por comer.

Zumos de por vida Este programa le enseñará a incorporar zumos frescos y nutritivos a su vida cotidiana. Los zumos son especialmente nutritivos, y muchos de ellos contienen nutrientes suficientes para convertirse en un desayuno, un almuerzo o un tentempié cargados de energía.

Cómo seguir los programas Antes de empezar un programa de zumos, responda el cuestionario de la página siguiente. Le ayudará a saber qué programa es el más adecuado para sus necesidades. Cuando haya seguido un programa, no dude en pasar a otro. Realice el cuestionario periódicamente para comprobar sus progresos (por ejemplo, una vez al mes o cada tres meses). Lo importante es que siga los programas de manera factible y sostenible.

cuestionario de la dieta de los zumos

Utilice este cuestionario para averiguar qué programa es el más adecuado para usted. Responda sí o no.

- ¿Le cuesta mucho perder peso?
- ¿Se siente hinchado?
- ¿Sufre dolores de cabeza o migrañas con frecuencia?
- ¿Toma más de tres unidades de alcohol por semana?
- Cuando toma alcohol, aunque sea muy poco, ¿se siente mareado, con náuseas o con resaca?
- ¿Tiene ojeras?
- ¿Tiene exceso de mucosidad, catarros o problemas en los senos nasales?
- ¿Su piel parece apagada, o tiene acné o erupciones?
- ¿Su olor corporal es especialmente fuerte o le huele mal el aliento?
- ¿Siente amargor en la boca?
- ¿Siente a menudo que le falta energía?
- ¿Tiene dolores articulares o musculares?
- ¿Toma más de tres tazas de café o té al día, y le provocan nerviosismo?
- ¿Toma con frecuencia más de seis vasos de agua al día?
- ¿Consume con frecuencia alimentos procesados o preparados?

Su puntuación

8 o más respuestas afirmativas: Programa de fin de semana Su puntuación sugiere que su organismo sufre una sobrecarga tóxica. La pérdida de peso no resultará fácil si no empieza por depurar su cuerpo. Comience con el Programa de fin de semana y después, a ser posible, continúe con la Semana de zumos para mantener la pérdida de peso. También puede pasar al programa Zumos de por vida para continuar favoreciendo el funcionamiento del hígado y la digestión, así como para mantener su peso.

4-7 respuestas afirmativas: Semana de zumos Los mecanismos de limpieza de su organismo necesitan una ayuda; así estará en condiciones de perder peso y sentirse delgado. Si sigue la Semana de zumos, maximizará la ingesta de nutrientes y favorecerá la digestión y el funcionamiento del hígado, lo que le permitirá perder peso de manera sana. Cuando termine la semana, mantenga los logros obtenidos pasando al programa Zumos de por vida.

4 o menos respuestas afirmativas: Zumos de por vida Su hígado y su sistema digestivo funcionan bien, pero para conservarlos incluya zumos depurativos.

manos a la obra

Todos los zumos de este libro están repletos de nutrientes. Para aprovecharlos al máximo, el resto de su dieta y su estilo de vida tienen que ir en consonancia. Sea cual sea el programa que elija, es importante reducir los alimentos y las bebidas que pueden influir de forma negativa en la capacidad del cuerpo para asimilar los nutrientes y eliminar toxinas. También puede aumentar la eficacia de los zumos a la hora de perder peso tomando algunos suplementos naturales beneficiosos, además de incluir determinados tratamientos desintoxicantes y realizar ejercicio físico suave.

ALIMENTOS QUE DEBEN EVITARSE

A continuación se enumeran los alimentos que deben evitarse. Muchos de ellos son alérgenos comunes o privan al cuerpo de nutrientes vitales. Otros alteran los niveles de azúcar en sangre, lo que puede provocar atracones, o contienen toxinas que obligan al sistema digestivo o al hígado a trabajar más de lo que sería deseable. Para evitar síntomas de abstinencia o efectos secundarios (*véase* pág. 15), empiece a reducir o a eliminar esos alimentos de su dieta dos o tres días antes de empezar el programa de zumos. Después,

si realiza el fin de semana de zumos o el programa semanal, intente eliminar por completo los siguientes alimentos de su dieta durante el tiempo que dure el programa. Si sigue el programa de Zumos de por vida o los Zumos de belleza, energéticos o protectores, trate de reducir al mínimo el consumo de estos alimentos. Los alimentos que debe evitar son:

- productos con gluten (trigo, cebada, centeno, espelta)
- lácteos, excepto el suero de leche y el yogur natural bajo en grasa, que son ricos en proteínas y bajos en lactosa (un alérgeno habitual), por lo que se toleran con mayor facilidad.
- cafeína (té, café, chocolate y bebidas energéticas y deportivas)
- refrescos
- alcohol
- carbohidratos refinados (alimentos y bebidas azucaradas, repostería, pan blanco, arroz y pasta, todos los alimentos procesados)
- grasas trans e hidrogenadas, que se encuentran en fritos, salsas procesadas, algunos alimentos procesados y galletas, pasteles y repostería (compruebe las etiquetas en caso de duda)

- carne roja y productos cárnicos procesados, como embutidos, carne en lata y hamburguesas
- sal (fíjese especialmente en la sal de los alimentos procesados, comidas preparadas, tentempiés, salsas, sopas, etcétera; compruebe las etiquetas antes de comprar)

SUPERALIMENTOS Y SUPLEMENTOS Para contribuir a la pérdida de peso y optimizar la parte nutricional, existen algunos superalimentos y suplementos que puede añadir a cualquiera de los zumos. Algunos se sugieren en las propias recetas de los zumos, aunque sirven para cualquier receta en función de sus necesidades. Incluya los siguientes productos en su despensa; debería encontrarlos fácilmente en cualquier establecimiento de alimentación sana y en los supermercados bien abastecidos:

Semillas de calabaza, girasol, cáñamo, chía y lino Las semillas son ricas en proteínas, fibra y grasas esenciales, así como en minerales beneficiosos para el funcionamiento del hígado. Trate de incluir al menos una cucharada de semillas variadas a diario en uno de los zumos.

Psilio Esta fibra soluble ayuda a regular el tránsito intestinal y proporciona alimento a las bacterias beneficiosas (probióticos) que viven en el intestino. Tome una cucharadita de psilio con uno de los zumos o con un vaso de agua, cada día, durante el programa de zumos que elija.

Probióticos en polvo Los probióticos son las bacterias beneficiosas que viven en el intestino. Desempeñan un papel fundamental en la digestión, mejoran la salud inmunológica y, en general, ayudan a perder peso. Busque un probiótico que incluya las cepas *Lactobacillus acidophilus* y *Bifidobacterias*. En cuanto a la dosis, siga las instrucciones del producto.

Glutamina en polvo Tome una cucharadita cada noche en un zumo o con un vaso de agua para mantener la salud de las paredes intestinales y reducir el número de toxinas que penetran en el torrente sanguíneo.

Superalimentos y antioxidantes en polvo Pasto de trigo, cebada silvestre, espirulina, chlorella y bayas en polvo proporcionan al cuerpo un extra de nutrientes. Añada hasta una cucharadita a cada zumo.

Tintura de cardo mariano Agréguela a los zumos para favorecer el funcionamiento del hígado y perder peso. Utilice la dosis recomendada en la etiqueta.

Lecitina en gránulos Si tiene dificultades para digerir los alimentos grasos, una cucharada diaria de lecitina en gránulos en un zumo puede ayudarle.

Aceite de pescado Las grasas esenciales de los aceites de pescado producen sustancias similares a hormonas que controlan el metabolismo. Tome una cucharadita diaria sola o en un zumo, o una cucharada de aceite de semillas de lino si sigue una dieta vegetariana.

TRATAMIENTOS Para el Programa de fin de semana y la Semana de zumos, tome uno o dos tratamientos desintoxicantes cada día para obtener el máximo beneficio de los programas. Si sigue el programa de Zumos de por vida, el tratamiento debería ser al menos dos veces por semana. Aquí tiene algunas ideas para empezar.

Cepillado en seco del cuerpo Si decide practicar un solo tratamiento cada día, opte por éste. El cepillado en seco estimula el sistema linfático y mejora la circulación. Utilice un cepillo de mango largo, de cerdas naturales, y cepille en pasadas largas en la dirección del corazón. Evite las venas varicosas o las microvarices. Cuando termine con el cepillado, dese una ducha templada.

Baños de sales de Epsom También conocidas como cristales de sulfato de magnesio, las sales de Epson proporcionan al cuerpo azufre y magnesio, importantes para la eliminación de toxinas. Vierta una o dos tazas en una bañera con agua caliente y sumérjase durante 15 o 20 minutos. Cuando salga, póngase un pijama que abrigue y váyase a la cama. Le ayudará a eliminar toxinas.

Sauna y baño de vapor El calor favorece la eliminación de impurezas a través del sudor. Impóngase el objetivo de sudar entre 10 y 15 minutos, después dese una ducha fría, vuelva a la sauna o al baño de vapor durante otros 15 minutos, y tome otra ducha. Beba abundante agua.

Masaje Estimula la circulación y el drenaje linfático, y ayuda a liberar la tensión emocional y física. Un masaje puede resultar caro, pero supone un excelente capricho ocasional durante los programas de pérdida de peso más prolongados.

Relajación El estrés desvía la energía necesaria para la digestión y la eliminación de toxinas, dificultando así la pérdida de peso. Intente sacar cada día algo de tiempo para relajarse, aunque sólo sea escuchar su canción favorita sin ninguna distracción.

EJERCICIO Caminar a paso rápido, la bicicleta y la natación favorecen la circulación y queman calorías. Si sigue el Programa de fin de semana, no obstante, es posible que se sienta débil. En ese caso, dos paseos diarios de 15 minutos cada uno serán suficiente. Si sigue la Semana de zumos, intente dar un paseo rápido durante 30 minutos diarios. Y si opta por el programa Zumos de por vida, trate de realizar al menos dos sesiones de resistencia o entrenamiento con peso y tres o cuatro sesiones de 30 minutos de ejercicio cardiovascular por semana.

SOLUCIONAR LOS EFECTOS SECUNDARIOS

Después de unos días siguiendo los programas de la dieta, lo más probable es que se sienta estupendamente, más delgado y con mucha más energía. No obstante, es posible que sufra algunos efectos secundarios durante los dos primeros días. Por lo general, éstos se producen cuando se han acumulado toxinas en el cuerpo y se liberan en el torrente sanguíneo para ser procesadas por el hígado. En general, los siguientes efectos secundarios no suponen un motivo de alarma, se pasan pronto y constituyen una señal inequívoca de que la dieta de los zumos está funcionando. Incluyen:

- síntomas de abstinencia, como dolores de cabeza y caprichos, debidos a la limitación de determinados alimentos y bebidas
- olor corporal intenso o mal aliento
- cambios en el tránsito intestinal (en especial diarrea)
- problemas cutáneos (granos o piel seca)
- fatiga o mareos

Para minimizar esos efectos secundarios, tome agua filtrada de forma regular a lo largo del día (al menos seis vasos). Además, no permita que descienda el nivel de azúcar en sangre; incluya tentempiés crudos y algunos proteicos (por ejemplo, un puñado de frutos secos y semillas).

información básica sobre la preparación

Con el equipo y la preparación adecuados, no sólo resulta sencillo preparar los zumos, sino también incluirlos en la rutina diaria. Para elaborar las recetas de este libro necesitará un exprimidor, pero también una licuadora (para las recetas con frutas enteras y en el caso de que desee incluir complementos nutritivos y suplementos en polvo).

Elegir el exprimidor Los modelos más baratos suelen ser «centrífugos», lo que significa que rallan la fruta y las verduras, y las hacen girar rápidamente para separar el zumo de la pulpa. Si dispone de uno así, tendrá que preparar los zumos por tandas y mantener el exprimidor muy limpio; de lo contrario, se atascará con facilidad. Los exprimidores centrífugos no son adecuados para las verduras más fibrosas, como el pasto de trigo. Los de tipo prensa hidráulica resultan más eficaces para extraer el zumo, y permiten utilizar una serie más amplia de productos. Lo más importante, sin embargo, es que el exprimidor resulte fácil de limpiar y de montar.

Limpieza del exprimidor Limpie el exprimidor a fondo inmediatamente después de utilizarlo; de lo contrario, se convertirá en un lugar idóneo para el desarrollo de bacterias. Si prepara diferentes zumos en un día, limpie el exprimidor bajo el grifo entre cada tanda para eliminar la pulpa. Algunas frutas y verduras pueden manchar el plástico, en cuyo caso puede lavarlo con una solución de una cucharadita de bicarbonato diluida en media taza de agua.

Conservar los zumos Para maximizar los beneficios nutritivos de los zumos, consúmalos justo después de prepararlos. No obstante, si prepara zumo para tomarlo a lo largo del día, viértalo en una jarra, tápela herméticamente con una tapa o con film transparente, y resérvela en la nevera. Tome todo el zumo en el día o congele el resto hasta que lo necesite. Puede añadir un chorro de zumo de limón para evitar la pérdida de color.

Equipo adicional Además del exprimidor y la licuadora, para que el proceso de preparación resulte lo más sencillo posible, conviene que disponga de:

• un cepillo para limpiar las piezas pequeñas del exprimidor
• una prensa para cítricos

- una balanza
- una tabla para picar, un cuchillo afilado y un pelador de verduras
- una jarra para los zumos
- film transparente para tapar los zumos que vaya a conservar

Elegir y preparar los ingredientes Elija piezas maduras, a punto para su consumo. Evite las que tengan golpes y las que parezcan pasadas. Al preparar zumos con productos maduros se maximizan los niveles de nutrientes y se facilita la digestión. Elija productos ecológicos en la medida de lo posible. En muchos casos, no será necesario que pele este tipo de frutas y verduras, lo cual es estupendo porque se beneficiará de los nutrientes que se encuentran debajo de la piel. Lave bien todos los productos ecológicos. Si utiliza frutas y verduras no ecológicas, es mejor pelarlas para reducir la exposición a los posibles residuos de fertilizantes y pesticidas químicos empleados en su cultivo. Si el zumo que va a preparar incluye frutas con cáscara gruesa, como cítricos, piñas y melones, retírela antes de exprimir y quite siempre los tallos y las pepitas grandes.

Dado que la preparación de zumos implica el uso de una gran cantidad de piezas, merece la pena comprar en abundancia cada pocos días. Si tiene un exceso de frutas que no puede utilizar antes de que se pasen, pélelas, pique la pulpa y congélelas. Podrá añadir los trozos a sus batidos para preparar bebidas heladas.

Extraer el zumo Para obtener los mejores resultados, alterne en una misma receta la preparación de los ingredientes blandos con los más duros, ya que éstos empujarán a las piezas más blandas. Forme bolas con los ingredientes de hoja, como las espinacas, y páselas por el exprimidor empujándolas con frutas o verduras más consistentes. Reserve las frutas muy blandas, como los plátanos y los aguacates, y las piezas muy maduras para elaborar batidos con la licuadora.

programa de fin de semana

¿Se siente lento y cansado? ¿Necesita dar un impulso a la pérdida de peso

o eliminar toxinas después de una etapa de excesos? Si es así, el Programa

de fin de semana es para usted. Este programa, pensado para motivarle

a empezar a perder peso con el mínimo esfuerzo, está repleto de zumos

adelgazantes y nutritivos que depurarán su organismo, mejorarán su digestión

y favorecerán la pérdida de peso.

En este capítulo encontrará toda la información necesaria para diseñar su

plan de fin de semana de manera que no se vea sometido al más mínimo estrés.

No sólo se incluye un plan para dos días con zumos y comidas, sino también una

lista de la compra completa para que se asegure de contar con todos los ingredientes

necesarios para seguir las sugerencias de la manera más sencilla posible.

Tanto si sigue mi plan para dos días como si decide crear sus propios zumos,

tenga por seguro que al cabo de dos días estará en el camino para convertirse

en una persona notablemente más delgada, más sana y con más energía.

< zumo de remolacha y naranja, página 38

programa de fin de semana

Este programa resulta muy eficaz para empezar un plan de pérdida de peso, pero en ningún caso se trata de una dieta a largo plazo. Para obtener los mejores resultados, lea con atención los siguientes consejos de preparación y sígalos con la mayor fidelidad posible.

Prepárese Antes de empezar, elija una fecha para su Programa de fin de semana. Anote la fecha en su diario como ayuda para comprometerse. Un fin de semana largo es ideal para este programa, así dispondrá de un día para prepararse y dos días para seguirlo. El día de la preparación evite todo tipo de carnes y tome comidas ligeras que incluyan muchas verduras, frutas, pescado y huevos. Prescinda por completo de natas y quesos; puede tomar algún yogur natural desnatado, si lo desea. Es importante que procure beber al menos 6 vasos (1,5 litros) de agua mineral o filtrada y que empiece a reducir el consumo de té y café. Por la noche tome una cucharada de semillas de lino molidas en un gran vaso de agua para poner en marcha la eliminación de residuos del organismo.

Planifique los zumos Para facilitar al máximo el programa, he creado una lista de la compra (página siguiente) y un menú completo (*véanse* págs. 22-23). No obstante, si algo de lo que sugiero no le gusta, sustitúyalo por cualquier otra receta de este capítulo (sólo tiene que acordarse de rectificar la lista de la compra en función de los cambios y mantener la variedad en los zumos). También es importante que incluya al menos un zumo verde al día para maximizar la ingesta de nutrientes. Todas las recetas de este libro son para una persona.

Suplementos Recomiendo que durante los dos días del Programa de fin de semana complemente los zumos y tentempiés con una fórmula multivitamínica y mineral, un antioxidante o un complemento para favorecer la función hepática, y un suplemento rico en omega-3 (por ejemplo, aceite de pescado o de semillas de lino). Adquiera esos productos antes de empezar el programa y elija los suplementos de la mejor calidad que se pueda permitir. En caso de duda, déjese aconsejar en la tienda de alimentación sana más cercana.

lista de la compra para el programa

BEBIDAS

Agua mineral embotellada

Infusiones (ortiga, diente
de león, hinojo, manzanilla,
menta, valeriana, melisa)

Jugo de aloe vera

COMESTIBLES

Cubitos de hielo

Cáscaras de psilio

Semillas de lino molidas

Aceite de lino

Semillas variadas

Semillas de cáñamo peladas

Pasta de judías o frutos
secos

Anacardos

Almendras

Nueces

Salvado de avena

Humus

Yogur natural desnatado

Un tarro de alcachofas

Un bote de olivas

Un tarro de legumbres

Ingredientes para dos
raciones de sopa casera,
o caldo de verduras
envasado bajo en sal

Bolsitas de sopa de *miso*

Frutas

6 manzanas

3 peras

4 limones

2 ciruelas

1 granada

200 g de uvas negras
sin pepitas

2 naranjas

1 mango

1 melocotón

1 piña

1 sandía pequeña

1 melón cantalupo pequeño

100 g de cerezas

Verduras

1 bolsa de col verde

1 rama de apio

1 lechuga larga

1 remolacha cruda

2 bolsas de ensalada variada

1 bolsa de berros

Semillas germinadas

Pepino

1 bulbo de hinojo

2 zanahorias

1 boniato pequeño

1 trozo pequeño de raíz
de jengibre fresca

NO COMESTIBLES

Tintura de cardo mariano

Antioxidante en polvo
(de bayas)

Superalimento verde
en polvo (o pasto
de trigo en polvo)

Suplementos (*véanse*
págs. 13-14)

Sales de Epsom

normas para el programa de fin de semana

Cada día del programa:
- evite los alimentos citados en las páginas 12-13
- tome al menos 6 vasos de agua
- tome 1 cucharada de semillas de lino molidas o 1-2 cucharaditas de cáscaras de psilio con un vaso de agua o un zumo
- tome 1 cucharada de semillas variadas molidas

- tome cuatro zumos, uno de ellos verde
- incluya tentempiés sanos
- tome infusiones
- realice 15 minutos de ejercicio suave por la mañana y otros 15 por la tarde
- cepíllese el cuerpo en seco por la mañana y tome un baño con sales de Epsom por la noche (*véase* pág. 14)

plan del programa de fin de semana

día uno

Al levantarse Un vaso grande de agua caliente con el zumo de medio limón

Desayuno Depurador verde de limón (**página 24**), y a continuación suplementos

A media mañana Un vaso de agua con tintura de cardo mariano (siga las instrucciones del fabricante); una taza grande de manzanilla; 2 cucharadas de semillas de calabaza y girasol mezcladas y 2 ciruelas

Comida Reconstituyente de granada (**página 30**); un cuenco grande de ensalada que incluya abundantes verduras de diferentes colores, con 1 puñado de semillas germinadas, 2 cucharadas de semillas de cáñamo peladas y un aliño a base de 2 cucharaditas de aceite de lino con 2 cucharaditas de zumo de limón

Merienda Una taza de agua caliente con el zumo de medio limón o una infusión de hinojo; crudités de pepino y apio con 3 cucharadas de humus o pasta de frutos secos

Cena Zumo de remolacha y naranja (**página 38**). Sopa de judías y verduras: pique media cebolla roja, 1 zanahoria, 1 rama de apio, medio boniato, medio pimiento verde y 1 tomate. En una sartén, saltee la cebolla en media cucharadita de aceite de oliva y, a continuación, añada el resto de ingredientes. Incorpore 300 ml

de caldo vegetal bajo en sal, lleve a
ebullición y baje el fuego; cubra con una
tapa y deje cocer durante 10-15 minutos,
hasta que todas las verduras estén tiernas.
Añada 200 g de judías y mezcle bien
con el resto de ingredientes. Sirva la sopa
tal cual o bien pásela por la batidora
para obtener un puré. Sirva con tapas de
2 cucharadas de olivas negras deshuesadas
y 4 corazones de alcachofas

Por la noche Dormilón de lechuga y manzana
(**página 43**); 1 puñado de almendras y 1 pera

Antes de acostarse Una taza grande
de infusión de melisa

día dos

Al levantarse Una taza grande de agua
caliente con el zumo de medio limón

Desayuno Reina verde (**página 26**), y,
a continuación, suplementos

A media mañana Un vaso de agua con tintura
de cardo mariano (siga las instrucciones del
fabricante); una taza grande de infusión
de menta; 1 puñado de nueces y 1 manzana

Comida Depurador de piña (**página 33**); una
taza de sopa de *miso* (prepárela siguiendo
las instrucciones del paquete) y una
selección de verduras crudas en palitos
(por ejemplo, zanahoria, apio y pepino)
con una ración pequeña de humus

Merienda Una taza de agua caliente
con el zumo de medio limón; un puñado
pequeño de uvas negras y 1 cucharada
de semillas variadas

Cena Depurador de tubérculos (**página 39**);
un cuenco grande de ensalada mixta que
incluya abundantes verduras de diferentes
colores (por ejemplo, pimiento rojo y
amarillo, remolacha cocida, zanahoria,
apio o rábano), con 200 g de judías
escurridas y 1 puñado grande de semillas
germinadas; un vaso de agua

Por la noche Sandía, melón y cerezas
(**página 43**); 1 puñado de anacardos

Antes de acostarse Una taza grande de
valeriana o manzanilla

Después del Programa de fin de semana
El primer día posterior al programa,
continúe con comidas ligeras y sencillas.
Después, reintroduzca los alimentos
excluidos (la carne y los lácteos
principalmente) de manera paulatina
para no sobrecargar al organismo.

< depurador verde de limón

Empiece su plan de pérdida de peso con este zumo superdepurador.
Repleto de clorofila, potasio, pectina y vitamina C, este cóctel verde acelerará
la eliminación de toxinas para ayudarle a deshacerse de las grasas
acumuladas.

**2 ramas de apio • 3 puñados grandes de hojas de col verde • 2 manzanas • 1 limón pelado
• 1 cucharadita de superalimento verde en polvo (opcional)**

Licúe todos los ingredientes y añada al final el superalimento en polvo, si lo utiliza.

BENEFICIOS PARA LA SALUD
*La col verde es una superverdura perfecta para los programas de pérdida de peso. Es rica
en glucosinalatos, **potentes desintoxicantes**, y en **fitoquímicos anticancerígenos**, incluido
el compuesto azufrado sulforafano.*

*Análisis nutricional por ración: Calorías 124 kcal • Proteínas 6,3 g • Carbohidratos 19,6 g
[de los cuales, azúcares 18,5 g] • Grasas 2,8 g*

reina verde

Zumo depurador delicioso, un poco picante, rico en antioxidantes y fitonutrientes que protegen el hígado y aceleran la eliminación de residuos (y, con ello, la pérdida de peso). El superalimento verde en polvo aporta un extra de nutrientes para los niveles de energía.

2 ramas de apio • 100 g de pepinos • un puñado pequeño de berros • 2 peras • media cucharadita de superalimento verde en polvo

Licúe todos los ingredientes y añada al final el superalimento verde en polvo.

BENEFICIOS PARA LA SALUD
*Los berros y el apio son **potentes diuréticos** que ayudan a **tratar la distensión**. Los berros son **ricos en vitamina B6** y otros nutrientes **beneficiosos para el hígado**, para eliminar los residuos y los carcinógenos del organismo.*

Análisis nutricional por ración: Calorías 142 kcal • Proteínas 2,9 g • Carbohidratos 32,2 g (de los cuales, azúcares 30,5 g) • Grasas 0,8 g

refresco de jengibre y pera >

Aporte a su cuerpo una llamada de atención con este zumo purificante y energético. La pera es un laxante suave que favorece la eliminación, y la raíz fresca de jengibre estimula el sistema digestivo. El pepino le refrescará y le hidratará.

½ limón • un trozo de 2,5 cm de jengibre pelado • ½ pepino y una rodaja extra para decorar • 1 pera • cubitos de hielo para servir

Licúe todos los ingredientes y sirva con hielo y una rodaja de pepino.

BENEFICIOS PARA LA SALUD
*Rico en vitamina C, pectina, quercetina y limoneno, el limón de este zumo constituye un **eficaz reconstituyente** con propiedades **antioxidantes**, además de **estimular la eliminación de toxinas y la digestión**, y de **combatir las células cancerosas**.*

Análisis nutricional por ración: Calorías 70 kcal • Proteínas 1 g • Carbohidratos 16,7 g (de los cuales, azúcares 16,5 g) • Grasas 0,2 g

combinado cítrico

Esta combinación vigorizante proporciona abundante vitamina C, que fortalece
el sistema inmunológico, para ayudarle a seguir en forma de cara al Programa de fin
de semana. Cuando pele los cítricos para licuarlos, intente dejar la piel interior blanca
porque contiene pectina, que favorece la absorción de grasas y toxinas del tracto
digestivo. Este combinado es una fantástica ayuda para perder peso.

1 pomelo rosa pelado • 1 limón pequeño pelado • 1 naranja pelada • 2 zanahorias

Exprima y/o licúe los ingredientes.

BENEFICIOS PARA LA SALUD
*El pomelo rosa es una buena fuente de **licopeno, que protege contra el cáncer**. Los bioflavonoides
de la piel blanca de los cítricos son unos **potentes antioxidantes** que **refuerzan los capilares, mejoran
el estado de la piel** y, en general, **favorecen un estado de salud óptimo**.*

*Análisis nutricional por ración: Calorías 141 kcal • Proteínas 3,8 g • Carbohidratos 31,7 g
[de los cuales, azúcares 29,8 g] • Grasas 0,7 g*

col carmesí

Como si de una ensalada de col en un vaso se tratase, esta combinación está repleta de vitaminas, minerales y fibra. Las uvas negras proporcionan un extra instantáneo de energía, mientras que la fibra de las semillas de lino contribuye a estabilizar los niveles de azúcar en sangre y a reducir el deseo de azúcar, lo que supone una ayuda para mantener la dieta por el buen camino.

150 g de lombarda • 60 g de uvas negras sin pepitas • 2 manzanas • 1 zanahoria • ½ cucharadita de semillas de lino molidas • cubitos de hielo para servir

Licúe todos los ingredientes y sirva con hielo.

BENEFICIOS PARA LA SALUD
*La lombarda, o col roja, contiene diversas **sustáncias químicas azufradas muy potentes** que **protegen el hígado** y favorecen la eliminación. La lombarda contiene, además, **antocianidinas**, potentes antioxidantes con **propiedades anticancerígenas, antimicrobianas y antiinflamatorias**.*

Análisis nutricional por ración: *Calorías 144 kcal • Proteínas 2,7 g • Carbohidratos 33,8 g [de los cuales, azúcares 32,4 g] • Grasas 0,8 g*

refuerzo de enzimas de hinojo

Este zumo, esencial para cualquier programa de pérdida de peso, combina apio (que ayuda a eliminar el exceso de líquidos) y el superadelgazante hinojo (estimula la vesícula biliar y aumenta el flujo de bilis, que contribuye a la descomposición de las grasas del organismo).

2 naranjas peladas • 1 bulbo de hinojo • 1 puñado de brotes de alfalfa • 2 ramas de apio • 1 rodaja de naranja y una pizca de ralladura para servir

Licúe todos los ingredientes y sirva con la rodaja de naranja como decoración. Espolvoree con la ralladura y sirva.

BENEFICIOS PARA LA SALUD
*Ricos en **enzimas y fibra**, los brotes de alfalfa se digieren con facilidad y ayudan a descomponer los alimentos. Son ricos en **clorofila, con propiedades purificantes** que favorecen la **eliminación de toxinas**, y en **antioxidantes**, que potencian el funcionamiento del hígado y **protegen contra las enfermedades degenerativas**. También son ricos en **vitaminas del grupo B**, que **favorecen la producción de energía**.*

Análisis nutricional por ración: *Calorías 131 kcal • Proteínas 6,1 g • Carbohidratos 26,2 g [de los cuales, azúcares 23,8 g] • Grasas 1 g*

reconstituyente de granada >

Este zumo es un maravilloso tónico gracias a los azúcares naturales de las uvas, la granada y la piña. El yogur aporta proteínas que, junto a las semillas de lino, contribuyen a estabilizar los niveles de azúcar en sangre para mantener el hambre a raya.

1 granada, con las pepitas y la pulpa • 125 g de uvas negras sin pepitas • 1 manzana • 5 cucharadas de yogur de soja • 1 cucharadita de antioxidante de bayas en polvo (opcional) • 1 cucharadita de semillas de lino molidas

Licúe las frutas, vierta el zumo en el vaso de la batidora con el resto de ingredientes y mezcle hasta obtener una textura uniforme.

BENEFICIOS PARA LA SALUD
*Las granadas son **ricas en antioxidantes**, incluidos **polifenoles y bioflavonoides**, que **potencian el sistema inmunitario**. Esos nutrientes también **fortalecen el colágeno de la piel y los capilares**, lo que ayuda a **combatir la celulitis**. Las pepitas de la granada son ricas en vitamina E, que es antioxidante.*

Análisis nutricional por ración: *Calorías 213 kcal • Proteínas 4,2 g • Carbohidratos 47,6 g [de los cuales, azúcares 44 g] • Grasas 2 g*

< depurador de piña

Si se siente un poco lento y pesado, pruebe este combinado depurador y curativo.
El hinojo contiene aceites esenciales como el anetol, que es ligeramente diurético
y ayuda al organismo a deshacerse del exceso de líquidos (con la consiguiente
sensación instantánea de ligereza). La piña, el aloe vera y el jengibre
son conocidas ayudas digestivas.

**½ piña pelada • 2 manzanas • 1 bulbo de hinojo • un trozo de 2,5 cm de jengibre pelado
• 1 cucharadita de zumo de aloe vera • cubitos de hielo para servir**

Licúe la piña, las manzanas, el hinojo y el jengibre. Vierta el zumo en el vaso de la batidora,
añada el aloe vera y mezcle. Sirva con hielo.

BENEFICIOS PARA LA SALUD
*La piña contiene **bromelina, una enzima curativa** que favorece la **descomposición de las proteínas,
reduce la inflamación y mejora la digestión**. La piña es rica en **betacaroteno y vitamina C**,
dos de los **antioxidantes que protegen al organismo** de los daños provocados por los radicales libres,
y en **vitamina B1**, necesaria para la **producción de energía**. El aloe vera es **antibacteriano y antifúngico**,
por lo que beneficia al sistema inmunológico; además, tiene **propiedades purificantes**.*

Análisis nutricional por ración: *Calorías 126 kcal • Proteínas 2 g • Carbohidratos 29,3 [de los cuales,
azúcares 28,4 g] • Grasas 0,7 g*

tónico de guayaba y kiwi

Este zumo hidratante presenta una textura cremosa debido a la guayaba, una fruta tropical. Rica en fibra soluble, la guayaba favorece la pérdida de peso porque hace que nos sintamos más llenos durante más tiempo. Una cucharadita de superalimento verde en polvo aporta un gran extra a las propiedades depurativas de este zumo.

½ pepino • 2 kiwis pelados • 1 guayaba pelada • 1 cucharadita de superalimento verde en polvo

Licúe los ingredientes, vierta el zumo en el vaso de la batidora, añada el superalimento verde y mezcle.

BENEFICIOS PARA LA SALUD
*La guayaba es una excelente fuente de **vitaminas A, C y E, de antioxidantes, y de betacaroteno y licopeno**. Además, es rica en **potasio**, que ayuda a mantener una **presión sanguínea adecuada**. Tanto los kiwis como las guayabas están repletos de **vitamina C**, que supone una inyección de **energía y favorece el funcionamiento de las glándulas suprarrenales** si se siente estresado.*

Análisis nutricional por ración: *Calorías 90 kcal • Proteínas 2,9 g • Carbohidratos 18,1 g [de los cuales, azúcares 16,6 g] • Grasas 1,1 g*

reanimador de sandía >

La sandía es la fruta baja en calorías perfecta para el Programa de fin de semana; además, posee unas maravillosas propiedades depurativas. La canela y las semillas de lino molidas contribuyen a estabilizar los niveles de azúcar en sangre para evitar la falta de energía a media tarde y los caprichos.

125 g de sandía (pulpa) • 150 g de fresas • 1 cucharadita de semillas de lino molidas • una pizca de canela

Licúe la sandía y las fresas, y después añada las semillas y la canela.

BENEFICIOS PARA LA SALUD
*La sandía es rica en **betacaroteno, beneficioso para el sistema inmunológico**. Incluya las semillas cuando prepare el zumo, ya que son ricas en **vitamina E**.*

Análisis nutricional por ración: *Calorías 106 kcal • Proteínas 2,8 g • Carbohidratos 19,4 g [de los cuales, azúcares 17 g] • Grasas 2,7 g*

< recarga cremosa de bayas

Este saciante zumo controla los ataques de hambre. Rico en proteínas y grasas esenciales, aporta una superdosis de nutrientes beneficiosos para el organismo. La pectina de las bayas estimula la digestión, mientras que el aceite de lino mejora la ingesta de grasas esenciales, y, con ello, la pérdida de peso.

½ limón pelado • 250 g de uvas negras sin pepitas o 150 ml de zumo de uvas negras • 200 g de bayas variadas congeladas • 1 cucharadita de *tahini* • 1 cucharadita de aceite de semillas de lino

Licúe el limón y las uvas; pase el zumo a la batidora con el resto de ingredientes. Añada 125 ml/1/2 vaso de agua y mezcle hasta obtener una textura uniforme.

BENEFICIOS PARA LA SALUD
El tahini se elabora con semillas de sésamo, y proporciona abundante **calcio, magnesio, zinc, selenio y vitamina E,** *compuestos que favorecen la eliminación de toxinas. Las bayas y las uvas son ricas en* **antioxidantes,** *que* **combaten los radicales libres.**

Análisis nutricional por ración: *Calorías 259 kcal • Proteínas 5,7 g • Carbohidratos 49,8 g [de los cuales, azúcares 45,9 g] • Grasas 5,9 g*

depurador instantáneo

Este zumo, un depurador instantáneo, contrarresta los excesos y supone un fantástico empujón para el plan de pérdida de peso. La combinación de manzanas y verduras favorece la eliminación de líquidos y desechos, con el consiguiente aumento de energía.

1 puñado de perejil de hoja plana • 150 g de apionabo pelado • 2 manzanas • 1 cm de rábano picante o 1 rábano • 2 ramas de apio • 1 puñado de cubitos de hielo

Licúe todos los ingredientes, excepto el hielo. Ponga el zumo en la batidora con el hielo, y mezcle hasta obtener una textura homogénea.

BENEFICIOS PARA LA SALUD
El rábano picante o normal **estimula la digestión** *y la* **producción de bilis,** *lo que ayuda a* **descomponer las grasas.** *Por ello, este zumo es un potente depurador y una buena ayuda para perder peso.*

Análisis nutricional por ración: *Calorías 98 kcal • Proteínas 2,9 g • Carbohidratos 20,3 g [de los cuales, azúcares 19 g] • Grasas 0,9 g*

zumo de remolacha y naranja

La remolacha y la naranja forman una combinación de sabores clásica. Este delicioso zumo es el reconstituyente perfecto si sus niveles de energía están bajos. Si añade mango y psilio, incrementará el contenido en fibra, lo que aporta un extra al poder depurador de este zumo.

1 remolacha cruda • 2 naranjas y cáscara para decorar • 50 g de pulpa de mango • ½ cucharadita de cáscaras de psilio

Licúe la remolacha y las naranjas. Ponga el zumo en la batidora con el mango y el psilio, y mezcle hasta obtener una textura homogénea. Utilice un trozo de cáscara de naranja para decorar.

BENEFICIOS PARA LA SALUD
*Los azúcares naturales de la remolacha hacen que este zumo sea rico en **energía instantánea**, lo que elimina la sensación de cansancio. Contribuye a mantener la **salud de la sangre** y es un **gran depurador interno** porque los **antioxidantes** (incluida la betacianina) **estimulan las enzimas desintoxicantes** del hígado. Se ha demostrado que la remolacha reduce el **nivel de colesterol y aumenta la producción de bilis**, necesaria para **emulsionar las grasas**.*

Análisis nutricional por ración: *Calorías 139 kcal • Proteínas 4 g • Carbohidratos 32 g [de los cuales, azúcares 30 g] • Grasas 0,4 g*

depurador de tubérculos

Este zumo depurador, de sabor dulce, le ayudará a sentirse al instante más ligero y más sano. El boniato proporciona carbohidratos complejos, que aumentan los niveles de energía. Los azúcares naturales del zumo aportan sensación de saciedad, lo que reduce los caprichos de dulces.

2 zanahorias pequeñas • ½ boniato • 2 manzanas • ½ pepino

Licúe todos los ingredientes.

BENEFICIOS PARA LA SALUD

*Las zanahorias están repletas de **carotenoides protectores**, beneficiosos para la **salud de los ojos y la piel**. El zumo de zanahoria es fácil de digerir y muy **reconfortante para el tracto digestivo**. El boniato es rico en **vitaminas del grupo B**, que **aportan energía**, así como en **vitaminas A y C**, antioxidantes que **protegen contra las enfermedades**, y **fibra, beneficiosa para la salud de los intestinos**.*

Análisis nutricional por ración: *Calorías 191 kcal • Proteínas 3,1 g • Carbohidratos 45,5 g [de los cuales, azúcares 27,9 g] • Grasas 0,8 g*

ayuda digestiva

Este zumo ligero y dulce está repleto de supernutrientes que depuran, curan y favorecen el proceso digestivo. Las enzimas de la piña contribuyen a descomponer las proteínas de los alimentos, mientras que la manzana y su acción depuradora favorecen la eliminación.

225 g de piña (pulpa) • 1 manzana • 1 rama de apio • 1 puñado de hojas de menta • 1 cucharadita de superalimento verde en polvo • 1 cucharadita de probiótico en polvo (opcional) • cubitos de hielo para servir

Licúe los ingredientes, vierta el zumo en el vaso de la batidora y añada los complementos en polvo. Sirva con hielo.

BENEFICIOS PARA LA SALUD
*La menta **calma el tracto digestivo** y resulta especialmente útil para **aliviar las flatulencias, la indigestión y los espasmos musculares.** Si añade una cucharada de probiótico, **aumentarán los niveles de bacterias beneficiosas** para procesar los alimentos y **mejorar la salud en general.***

Análisis nutricional por ración: Calorías 68 kcal • Proteínas 0,8 g • Carbohidratos 16,7 g [de los cuales, azúcares 16,1 g] • Grasas 0,3 g

pasión perfecta >

Este zumo, un néctar divino de sabor dulce, combina la energía de las frutas tropicales con el efecto depurativo de la zanahoria. Si diluye el zumo con agua con gas y lo corona con cubitos de hielo, se convierte en una bebida maravillosamente refrescante.

1 lima pelada • 1 papaya pelada y sin semillas • 3 zanahorias y un trozo para decorar • 2 frutas de la pasión (pulpa y semillas) • 1 cucharadita de probiótico en polvo • agua con gas al gusto (opcional)

Licúe la lima, la papaya y las zanahorias. Ponga el zumo en la batidora con la fruta de la pasión y el probiótico, y mezcle unos segundos. Diluya con agua con gas (si decide utilizarla) y decore con un poco de zanahoria rallada.

BENEFICIOS PARA LA SALUD
*Repleta de **vitamina C y antioxidantes,** incluidos **carotenoides beneficiosos para la vista,** así como **luteína y zeaxantina,** la papaya se considera un superalimento. Además, es perfecta para la **digestión,** rica en enzimas como la papaína, que ayuda a **descomponer las proteínas** y **depura el tracto digestivo.***

Análisis nutricional por ración: Calorías 89 kcal • Proteínas 2,9 g • Carbohidratos 18,4 g [de los cuales, azúcares 9,4 g] • Grasas 0,6 g

< dormilón de lechuga y manzana

Ésta es una bebida perfecta para el final del día, ya que la lechuga contiene compuestos soporíferos que favorecen el sueño. Se recomienda tomar este zumo después de la cena. Contiene pectina (de las manzanas) y enzimas digestivas (de la piña), que favorecen la eliminación de las toxinas acumuladas a lo largo del día.

1 manzana, y un trozo más para decorar • 115 g de lechuga larga • 125 g de piña (pulpa)

Licúe todos los ingredientes. Diluya con agua, si lo desea, y sirva el zumo decorado con una cuña de manzana.

BENEFICIOS PARA LA SALUD
*La lechuga, rica en agua, resulta muy hidratante. Está repleta de antioxidantes, incluidos **carotenoides y vitamina C**, además de **fibra y folato**, lo que la convierte en una verdura **cardiosaludable** que ayuda a **evitar la oxidación del colesterol y reduce los niveles de homocisteína perjudicial**. Es **rica en potasio**, que ayuda a **mantener una presión sanguínea saludable**.*

Análisis nutricional por ración: *Calorías 97 kcal • Proteínas 1,8 g • Carbohidratos 21,9 g [de los cuales, azúcares 20,6 g] • Grasas 1 g*

sandía, melón y cerezas

Este zumo depurador proporciona abundantes antioxidantes que favorecen la limpieza del organismo, combaten la celulitis y fomentan la vitalidad. Las semillas del melón son ricas en zinc, selenio y vitamina E (tres compuestos antioxidantes); licúelas junto a la pulpa o tómelas por separado.

115 g de sandía (pulpa) y un poco más para decorar • 115 g de melón cantalupo (pulpa) • 115 g de cerezas deshuesadas, y un poco más para decorar • cubitos de hielo para servir

Licúe todos los ingredientes. Sirva el zumo con hielo, coronado con una cuña de sandía o con cerezas.

BENEFICIOS PARA LA SALUD
*Ricas en **antocianinas y quercetina**, las cerezas son **antiinflamatorias y beneficiosas para el sistema inmunológico**. Además, pueden ayudarle a **relajarse y reducir el estrés**, ya que son una excelente fuente de **melatonina**, un nutriente importante para la **inducción al sueño**.*

Análisis nutricional por ración: *Calorías 118 kcal • Proteínas 2,2 g • Carbohidratos 27,8 g [de los cuales, azúcares 27,5 g] • Grasas 0,6 g*

semana de zumos

Este plan de zumos para siete días abre el camino hacia un cuerpo más delgado y más sano. Tanto si su objetivo es deshacerse de la grasa persistente como desarrollar un cuerpo más esbelto y saludable, o recargarse de energía, una semana de zumos frescos depuradores constituye una vía segura y rápida para ver resultados. La limpieza del sistema digestivo y la mejora de la función hepática le rejuvenecerán rápidamente. Al final de la semana debería empezar a ver una reducción obvia del exceso de peso.

Para empezar he diseñado un plan diario. Propongo una serie de zumos deliciosos, repletos de vitaminas y fitonutrientes esenciales que favorecen el metabolismo, la ingesta de nutrientes y la vitalidad, así como sugerencias de comidas e infusiones beneficiosas para la salud. El objetivo consiste en optimizar la ingesta nutricional, minimizar los caprichos y los ataques de hambre, y eliminar aquellos alimentos que interfieran en el metabolismo. Siga el plan y en sólo una semana disfrutará de un cuerpo más delgado y de un aspecto más sano.

< reconstituyente frutal caliente, página 65

programa de la semana de zumos

Todos los zumos de la Semana de zumos son bajos en calorías y ricos en nutrientes beneficiosos para el metabolismo. Purificantes, energizantes y quemagrasas, estos zumos pondrán su cuerpo en las mejores condiciones en cuestión de días.

Los planes de zumos y comidas de la Semana de zumos ofrecen alrededor de 1.100-1.200 calorías diarias con el fin de fomentar una pérdida de peso eficaz y sana. Los zumos del plan proporcionan al cuerpo abundantes nutrientes beneficiosos para todos los sistemas del organismo. Cuando termine la Semana de zumos, continúe con el programa de Zumos de por vida, que aumenta gradualmente las calorías hasta niveles más sostenibles en el tiempo, e incluye al menos un zumo fresco al día.

Seguir el programa de la Semana de zumos
Escoja una semana que pueda dedicar completamente al plan, con el menor número posible de compromisos. Recomiendo que comience un sábado o cualquier otro día no laborable, así podrá ajustarse a la nueva dieta al tiempo que puede relajarse en casa. Como ocurre con el Programa de fin de semana, tiene que reservarse un tiempo antes para prepararse y adquirir con los ingredientes y los suplementos. Realice una lista de la compra de todos los ingredientes que va a necesitar y cómprelos con antelación. Siga los consejos de la página 20 para preparar el cuerpo antes de la semana. La noche anterior, tome 1 cucharada de semillas de lino molidas con un gran vaso de agua tibia para poner en marcha el proceso de depuración.

El programa de siete días que he creado debería facilitarle el seguimiento de la dieta, pero no dude en cambiar las recetas de los zumos si alguna no le apetece o si no tolera algunos de los ingredientes. Puede sustituirlos por cualquiera de los zumos de este capítulo. Asegúrese de tomar zumos de varios colores cada día para maximizar la ingesta de nutrientes. Por último, para conseguir los mejores resultados, siga las normas de la página siguiente. Están pensadas para facilitar el seguimiento del plan, al tiempo que maximiza su eficacia.

normas para la semana de zumos

Siga las normas para el Programa de fin de semana, en la página 22. Además, cada día de este programa:

- tome los suplementos sugeridos en las páginas 13-14
- beba tres zumos; elíjalos de este capítulo (si no sigue el plan) y asegúrese de que sean de colores distintos (al menos uno debe ser verde)
- ingiera al menos una ensalada de hojas variadas
- tome una ración de crucíferas (brécol, coliflor, col verde, repollo, coles de Bruselas, etcétera) en un zumo, sopa o ensalada
- incluya alimentos proteicos a lo largo del día (le ayudarán a estabilizar los niveles de azúcar en sangre). Entre esos alimentos figuran los frutos secos, las semillas, las legumbres, el pescado, los huevos, la soja y el yogur natural
- tome infusiones de hierbas, té verde o sopa de *miso* si siente que necesita algo caliente
- cepíllese el cuerpo en seco por la mañana y tome un baño con sales de Epsom por la noche (*véase* pág. 14)
- dé un paseo de 30 minutos a paso rápido (también puede montar en bicicleta o nadar, si lo prefiere)

Después de la dieta

Cuando finalicen los siete días del programa, intente no caer en la tentación de volver a los antiguos hábitos. Los días siguientes al programa pueden ser un momento difícil en el que el cuerpo necesita reajustarse a unos hábitos alimentarios normales. Intente reintroducir de forma paulatina los alimentos y las bebidas que había excluido. Durante estos días, controle si sufre alguna reacción adversa a alguno de los alimentos que había eliminado de la dieta.

En general, mantenga unas comidas ligeras y siga incluyendo alimentos crudos, zumos y batidos a diario durante el mayor tiempo posible. Siga los consejos del capítulo Zumos de por vida para mejorar todavía más su salud y prolongar la pérdida de peso.

el plan de la semana de zumos: días 1-4

día uno

Al levantarse Un vaso de agua caliente
con el zumo de ½ limón o una taza
de té verde

Desayuno Máquina verde (**página 52**);
un cuenco de bayas variadas con
3 cucharadas de yogur natural
y 2 cucharadas de semillas variadas

Tentempié de media mañana 1 puñado
de nueces de Brasil; una taza de
infusión de ortiga o de té verde

Comida Gazpacho (**página 61**); una ensalada
verde variada: 1 puñado grande de hojas
(berros, roqueta, canónigos y espinacas
mini), ½ pimiento verde, 1 rama de apio,
¼ pepino y 2 tomates, todo picado.
Escurra 200 g de judías blancas y añádalas
a la ensalada. Adorne con un puñado
de alfalfa germinada

Tentempié de media tarde 3 cucharadas
de humus con palitos de apio, pepino
y zanahoria; una taza de agua caliente
con el zumo de ½ limón

Tarde-noche Zumo rubí (**página 72**)

Cena Filete de salmón al vapor: aliñe
con 1 cucharada de zumo de limón
y un poco de eneldo picado, y cocine
el filete al vapor durante 15 minutos.
Sirva con un gran plato de verduras
salteadas aliñadas con 1 cucharadita
de semillas de sésamo; una taza de
manzanilla o hinojo

día dos

Al levantarse Un vaso de agua caliente con
el zumo de ½ limón, o una taza de té verde

Desayuno Máquina verde II (**página 55**)

Tentempié de media mañana Palitos de apio
y pepino con 2 cucharadas de pasta
de olivas o mantequilla de frutos secos;
una taza de infusión de menta

Comida *Pleaser* de perejil (**página 62**);
sopa de lentejas con curry: saltee en
un poco de aceite de oliva ½ cebolla
roja picada con ½ cucharadita de
cúrcuma y ½ cucharadita de jengibre
fresco rallado. Añada 3 cucharadas de
lentejas rojas, 150 g de zanahoria rallada
y 250 ml/1 taza de caldo vegetal. Lleve
a ebullición, baje el fuego y deje cocer,
tapado, de 15 a 20 minutos, o hasta que
las lentejas estén tiernas. Retire del fuego,
añada un poco de leche de soja al gusto
y reduzca a puré; 2 ciruelas

Tentempié de media tarde 1 puñado de
almendras y una taza de agua caliente
con el zumo de ½ limón

Tarde-noche Zumo de lichis (**página 73**)

Cena Verduras asadas con tofu: precaliente
el horno a 180 °C. Trocee ½ pimiento rojo,

½ pimiento naranja y ½ cebolla roja.
Ponga las verduras en una fuente
de horno con 1 calabacín en rodajas
y 125 g de tofu firme en dados; aliñe
con un poco de aceite de oliva y
salsa de soja, y ase de 25 a 30 minutos.
Añada 4 tomates abiertos y ase
durante 10 minutos más; sirva con
una ensalada verde. Una taza de
manzanilla o hinojo

día tres

Al levantarse Una taza de agua caliente
con el zumo de ½ limón

Desayuno Refuerzo para el hígado (**página 56**);
1 huevo escalfado y 2 tomates asados

Tentempié de media mañana 3 ciruelas
pasas y 1 cucharada de pipas de calabaza;
una taza de infusión de ortiga o de diente
de león

Comida No-tox de mango (**página 64**);
una ensalada variada grande: mezcle
1 gran puñado de hojas de espinacas
con 1 de berros, añada unos tomates cereza
y verduras de colores, como pimiento rojo,
rábano y apio. Sirva con 2 sardinas frescas
asadas o 100 g de sardinas en conserva
al natural

Tentempié de media tarde Palitos de apio,
pepino y zanahoria; una taza de té verde

Tarde-noche Refresco de limón (página 74)

Cena Guiso de verduras y legumbres:
pique ½ cebolla roja y 1 diente de ajo,
y saltee en una sartén hasta que estén
tiernos. Corte en juliana ¼ de pimiento
rojo, 1 calabacín y ½ puerro, y añádalos
a la sartén con 200 g de tomate troceado
en conserva, 200 g de garbanzos o alubias
y 200 ml/1 taza de caldo vegetal. Lleve
a ebullición, baje el fuego, tape y deje cocer
10 minutos, o hasta que las verduras estén
tiernas. Agregue 1 puñado de espinacas
justo antes de servir. Un puñado de uvas
negras; una taza de melisa

día cuatro

Al levantarse Una taza de agua caliente
con el zumo de ½ limón

Desayuno Batido de ciruelas (**página 56**)

Tentempié de media mañana Una taza
de sopa de *miso* y 2 cucharadas de semillas
variadas

Comida Reconstituyente frutal caliente
(**página 65**); 2 huevos revueltos
con 1 puñado de hojas de espinacas
mini y 2 champiñones en láminas;
una taza de té verde

Tentempié de media tarde 1 pera y 1 puñado
de almendras; una taza de agua caliente
con el zumo de ½ limón

el plan de la semana de zumos: días 5-7

Tarde-noche Zumo verde a la menta
(**página 74**)

Cena Pollo al vapor: prepare una pechuga
de pollo sin piel con un chorrito de salsa de
soja, ½ cucharadita de jengibre rallado,
1 diente de ajo majado, una pizca de
chile rojo en copos, 2 cebolletas picadas
y 3 gotas de aceite de sésamo; cocine
durante 30 minutos. Sirva con 1 puñado
de berros y 200 g de verduras preparadas;
una taza de manzanilla

día cinco

Al levantarse Una taza de agua caliente
con el zumo de ½ limón

Desayuno Delicia matutina (**página 58**);
125 ml /1/2 taza de yogur natural
desnatado con 2 cucharadas de
semillas variadas

Tentempié de media mañana 4 tomates
cereza y 1 puñado de nueces

Comida Sopa de alubias blancas y verduras:
pique y saltee ½ cebolla, 1 puerro, ½ bulbo
de hinojo, 1 rama de apio y 1 diente de
ajo de 4 a 5 minutos. Añada 300 ml/1 ¼ de
taza de caldo vegetal; lleve a ebullición
y baje el fuego. Deje cocer tapado durante
15 minutos, hasta que las verduras estén
tiernas. Escurra 200 g de alubias y añádalas
a las verduras. Reduzca a un puré fino

y aderece; 1 nectarina; una taza de agua
caliente y zumo de limón

Tentempié de media tarde Depurador
de pepino (**página 67**); 1 puñado de olivas

Tarde-noche Tónico antiestrés (**página 77**)

Cena Tortilla con tomate y champiñones:
bata 2 huevos y añada 1 tomate picado
y 2 champiñones en láminas. Prepare
la tortilla a fuego fuerte y sirva con
una ensalada verde aliñada con el zumo
de ½ limón, un chorrito de aceite de oliva
y pimienta negra; una taza de té verde

día seis

Al levantarse Una taza de agua caliente
con el zumo de ½ limón

Desayuno Explosión de zanahoria (**página 58**);
un cuenco de bayas con 2 cucharadas
de frutos secos picados

Tentempié de media mañana 1 manzana
y 1 puñado de pipas de calabaza; una taza
de infusión de limón y jengibre

Comida Hinojo dulce (**página 68**); ensalada
de garbanzos y alcachofas: mezcle
1 puñado de hojas de espinaca y berros
con 1 puñado de olivas negras deshuesadas.
Corte en juliana ½ cebolla roja, escurra
150 g de garbanzos y pique 4 alcachofas
en conserva y ½ pimiento rojo. Mezcle
los ingredientes y aliñe con el zumo

de ½ limón y 1 cucharada de aceite de oliva

Tentempié de media tarde 2 tortas de avena con mantequilla de frutos secos

Tarde-noche *Twist* de frambuesas (**página 78**)

Cena Trucha al horno: precaliente el horno a 180 °C. Ase durante 15 minutos, con aceite de oliva, ½ pimiento rojo en cuartos, 125 g de calabaza en dados y ½ cebolla roja troceada. Añada 1 puñado grande de guisantes. Coloque encima de las verduras un filete de trucha sin espinas y un poco de aceite de oliva. Hornee durante 10 minutos, o hasta que el pescado esté listo. Aderece y sirva con una ensalada; una taza de menta

día siete

Al levantarse Un vaso de agua caliente con el zumo de ½ limón

Desayuno Maravilla de clorofila (**página 60**); muesli compuesto por 1 cucharada de copos de mijo y 1 de quinoa, 2 de copos de alforfón, 2 de semillas variadas, 1 de frutos secos picados y 1 puñado de uvas pasas. Sirva con leche de soja o yogur natural

Tentempié de media mañana Un racimo de uvas negras y 1 puñado de pacanas

Comida Cura de cerezas (**página 71**); sopa de lentejas al curry (*véase* Día 2); 1 puñado de nueces

Tentempié de media tarde 3 cucharadas de humus y 1 puñado de palitos de zanahoria

Tarde-noche Tomate picante (**página 79**)

Cena 2 huevos revueltos con 1 loncha de salmón ahumado; ensalada variada: mezcle 1 puñado grande de hojas variadas (berros, roqueta, canónigos u otras hojas verdes), una zanahoria pequeña rallada y 2 cucharadas de alfalfa germinada. Cueza 1 remolacha pequeña, píquela cuando esté lista y mézclela con ½ pimiento rojo y ½ aguacate picados. Aliñe con el zumo de ½ limón y 1 cucharada de aceite de lino o de oliva; una taza de infusión de limón y jengibre

máquina verde >

Esta combinación de zumos dulces y sabrosos es un fantástico tónico digestivo y hepático, y una estupenda manera de aumentar la ingesta de verduras. La bromelina de la piña facilita la digestión, mientras que el brécol estimula el funcionamiento del hígado para mantener su organismo libre de toxinas.

250 g de piña (pulpa) y una rodaja extra para decorar • 4 ramitos de brécol • 2 ramas de apio • 1 cucharadita de superalimento verde en polvo • cubitos de hielo para servir

Licúe todos los ingredientes y añada por último el superalimento verde. Sirva con hielo y una rodaja de piña a modo de decoración.

BENEFICIOS PARA LA SALUD

*El brécol es rico en **vitamina C**, así como en otros **antioxidantes** y compuestos azufrados conocidos como **glucosinolatos**, una **excelente ayuda para la depuración del organismo**. Incluyen sulforafano e indol-3-carbinol, que son **anticancerígenos, en especial contra el cáncer de mama**. Además, el brécol aporta **abundante fibra, beneficiosa para la salud del tracto digestivo**.*

Análisis nutricional por ración: *Calorías 121 kcal • Proteínas 3,1 g • Carbohidratos 26,6 g [de los cuales, azúcares 25,6 g] • Grasas 1 g*

< máquina verde II

¡Empiece el día con energía! Una buena cucharada de proteína en polvo añadida a este zumo repleto de energía le ayudará a mantener los niveles de azúcar en sangre y proporciona combustible para el hígado. El perejil es diurético, beneficioso para evitar la retención de líquidos, mientras que el melón hidrata y purifica, lo que hace que sea una fruta ideal para una dieta de pérdida de peso.

150 g de melón cantalupo (pulpa) • 1 limón pequeño pelado • 1 puñado de hojas de perejil • ½ mango pelado, sin hueso y troceado • 25 g de proteína de suero en polvo con sabor a vainilla • 1 cucharadita de semillas de lino molidas

Licúe el melón, el limón y el perejil. Mezcle el zumo en la batidora con el resto de ingredientes.

BENEFICIOS PARA LA SALUD
*La pulpa naranja del melón cantalupo proporciona abundante **betacaroteno y vitamina C, beneficiosos para la salud del sistema inmunológico. Su alto contenido en potasio disminuye la presión sanguínea y evita la retención de líquidos**.*

Análisis nutricional por ración: *Calorías 197 kcal • Proteínas 23 g • Carbohidratos 21,1 g [de los cuales, azúcares 17,1 g] • Grasas 3,1 g*

refuerzo para el hígado

Puesto que eliminar desechos y toxinas de manera eficaz supone una importante ayuda para perder peso, un refuerzo para el funcionamiento del hígado resulta crucial en cualquier dieta. Este delicioso zumo verde está repleto de nutrientes beneficiosos para ese órgano, así como de enzimas digestivas que aceleran la eliminación de desechos y de grasa.

4 espárragos • 2 ramitas de brécol • 150 g de piña (pulpa) • ½ pepino • unas gotas de tintura de cardo mariano

Licúe todos los ingredientes y remueva bien.

BENEFICIOS PARA LA SALUD
Los espárragos contienen un elemento químico natural llamado **asparagina** *y un* **alto nivel de potasio**; *juntos* **reducen la retención de líquidos y favorecen la salud del hígado y el riñón**. *Esta verdura, además, contiene compuestos orgánicos llamados* **glucosinolatos**, *beneficiosos para la* **eliminación de toxinas**.

Análisis nutricional por ración: *Calorías 91 kcal • Proteínas 3,5 g • Carbohidratos 18,3 g [de los cuales, azúcares 17,2 g] • Grasas 0,8 g*

batido de ciruelas >

Este batido es perfecto como tentempié saciante a media mañana. Facilita la digestión y tiene acción depurativa, además de proporcionar abundantes proteínas que ayudan a mantener los niveles de energía. La combinación de bacterias beneficiosas (del yogur de soja), fibra y antioxidantes aporta una nutrición óptima para los intestinos.

3 ciruelas rojas, deshuesadas, y una rodaja extra para decorar • 2 ciruelas pasas deshuesadas • 5 cucharadas de yogur de soja • 125 ml/ ½ taza de leche de soja • 1 cucharadita de aceite de lino • 1 cucharadita de semillas de lino molidas

Ponga todos los ingredientes en la batidora y mezcle hasta obtener una consistencia uniforme y cremosa. Sirva decorado con una rodaja de ciruela.

BENEFICIOS PARA LA SALUD
Las ciruelas, tanto las frescas como las pasas, contienen **fitonutrientes beneficiosos para el sistema inmunológico**. *Las ciruelas pasas son ricas en* **fibra** *y poseen un* **suave efecto laxante**, *por lo que favorecen el tránsito intestinal. Como otras frutas secas,* **aportan energía** *y* **potasio**, *beneficioso para el* **equilibrio de fluidos** *en el organismo.*

Análisis nutricional por ración: *Calorías 201 kcal • Proteínas 10,5 g • Carbohidratos 26,4 g [de los cuales, azúcares 22,2 g] • Grasas 7,2 g*

delicia matutina

Un zumo dulce, con abundantes proteínas, que contribuye a mantener los niveles de azúcar durante toda la mañana, y también es rico en frutas que aportan energía instantánea para empezar bien el día. La canela, asimismo, favorece el equilibrio de los niveles de azúcar en sangre, una manera de combatir los caprichos y fomentar la pérdida de peso.

2 albaricoques deshuesados • 2 naranjas peladas • 1 limón pelado • 60 g de tofu sedoso • cubitos de hielo para servir (opcional) • ½ cucharadita de canela para servir

Licúe todas las frutas y pase el zumo a la batidora con el tofu; mezcle hasta obtener una consistencia uniforme. Vierta el zumo sobre hielo (opcional) y espolvoree con canela.

BENEFICIOS PARA LA SALUD
*Los albaricoques son ricos en **vitamina C** **y betacaroteno**, beneficiosos para combatir los **problemas oculares y el cáncer**, además de neutralizar los perjudiciales radicales libres. Son igualmente ricos en **fibra soluble**, por lo que favorecen la **disminución del colesterol** y la **eliminación de toxinas**.*

Análisis nutricional por ración: *Calorías 166 kcal • Proteínas 8,8 g • Carbohidratos 27,9 g [de los cuales, azúcares 26,3 g] • Grasas 3,1 g*

explosión de zanahoria >

Cremosa y saciante, esta bebida baja en carbohidratos proporciona energía instantánea para mantenerse entre comidas. La adición de almendras y leche de soja aporta abundantes proteínas, minerales y grasas insaturadas, lo que supone una auténtica explosión nutritiva para el organismo.

2 zanahorias • 3 albaricoques deshuesados • 1 naranja • 1 cucharadita de almendras molidas • 125 ml/ ½ taza de leche de soja • almendras fileteadas para servir

Licúe las zanahorias, los albaricoques y la naranja, vierta el zumo en la batidora con las almendras y la leche de soja, y mezcle hasta obtener una consistencia homogénea y cremosa. Sirva decorado con almendras fileteadas.

BENEFICIOS PARA LA SALUD
*Las nutritivas almendras son ricas en **proteínas y fibra**, por lo que contribuyen a **estabilizar los niveles de azúcar en sangre** y favorecen la eliminación. Además, son una buena fuente de **vitamina E** (un maravilloso **nutriente para la piel**), vitaminas del grupo B, que aportan energía; **magnesio, hierro y zinc**.*

Análisis nutricional por ración: *Calorías 173 kcal • Proteínas 6,9 g • Carbohidratos 26,1 g [de los cuales, azúcares 24 g] • Grasas 5,3 g*

maravilla de clorofila

Este combinado de verduras nutritivas proporciona abundante clorofila, que es depuradora, y proteínas que aportan energía al cuerpo. Es bajo en calorías y rico en electrolitos (moléculas de sal ionizadas que ponen en marcha los impulsos eléctricos que permiten a las células comunicarse entre sí). Se trata de un zumo muy revitalizante que, además, elimina toxinas y reduce la retención de líquidos.

1 rama de apio • 1 puñado de hojas de espinacas • 1 puñado de hojas de col • 1 puñado de semillas germinadas, como, por ejemplo, alfalfa • 2 manzanas • ½ pepino

Licúe todas las verduras y frutas.

BENEFICIOS PARA LA SALUD

*El apio, muy alcalino, es un **gran alimento depurador** que, además, **facilita la digestión**. Conocido **diurético**, el equilibrio electrolítico de potasio y sodio del apio **evita la retención de líquidos** y **disminuye la presión sanguínea**. Además, es rico en vitaminas del grupo B y vitamina C.*

Análisis nutricional por ración: *Calorías 113 kcal • Proteínas 5,7 g • Carbohidratos 19,8 g [de los cuales, azúcares 18,4 g] • Grasas 1,6 g*

gazpacho

En esta receta, la sopa de tomate que se sirve muy fría se convierte en un zumo cremoso que constituye una comida completa en un vaso. Al ser tan saciante, el zumo ayuda a controlar los ataques de hambre y proporciona un reconstituyente natural cuando los niveles de energía flaquean.

1 pimiento rojo cortado por la mitad, sin semillas y sin el centro • 1 zanahoria • ¼ de cebolla roja • 1 diente de ajo • 2 tomates • cubitos de hielo para servir

Licúe todos los ingredientes y sirva con hielo.

BENEFICIOS PARA LA SALUD
*Las cebollas son ricas en **azufre**, que favorece el **funcionamiento del hígado** y ayuda a eliminar toxinas. Contienen alicina y otros **potentes antibióticos naturales** que **luchan contra las infecciones** (incluidos los parásitos, capaces de perjudicar al sistema digestivo). Las cebollas rojas son especialmente ricas en **quercetina**, con **propiedades antiinflamatorias y protectoras**.*

Análisis nutricional por ración: Calorías 91 kcal • Proteínas 2,9 g • Carbohidratos 18,3 g [de los cuales, azúcares 17,1 g] • Grasas 1,2 g

pleaser de perejil >

Si se siente un poco hinchado, ha comido en exceso o necesita una depuración rápida del organismo, pruebe esta maravilla verde. El perejil es un eficaz diurético que facilita la eliminación de líquidos, mientras que la manzana es una gran depuradora (juntos forman una combinación excelente para eliminar toxinas). Las hojas de espinaca mini le aportarán un extra de energía.

1 puñado grande de perejil de hoja plana • 150 g de hojas de espinacas mini • ½ pepino • 2 manzanas • cubitos de hielo para servir

Licúe todos los ingredientes y sirva el zumo con hielo.

BENEFICIOS PARA LA SALUD
*Las espinacas son muy **ricas en hierro, vitamina C y ácido fólico**, beneficiosos para la **salud de las células sanguíneas** y, por ello, perfectos **contra la fatiga**. También son ricas en **clorofila**, una sustancia que, junto con la fibra de este zumo, actúa como una eficaz **depuradora y desintoxicante**.*

Análisis nutricional por ración: Calorías 117 kcal • Proteínas 5,9 g • Carbohidratos 20,6 g [de los cuales, azúcares 19,3 g] • Grasas 1,5 g

no-tox de mango

Este nutritivo y depurador batido resulta refrescante y a la vez dulce.
El mango es un excelente limpiador del organismo, lo que beneficia a su plan
de pérdida de peso. Una cucharada de semillas de lino contribuye a estabilizar
los niveles de azúcar en sangre y aumenta el contenido en fibra, lo que acelera
el proceso de eliminación de toxinas.

**1 manzana • ½ pepino • 2 ramas de apio • ½ mango pelado, deshuesado y troceado
• ½ cucharadita de semillas de lino**

Licúe la manzana, el pepino y el apio. Ponga el zumo en la batidora con el mango
y las semillas de lino, y mezcle hasta obtener una preparación homogénea.

BENEFICIOS PARA LA SALUD
*El mango es rico en **fibra soluble, que reduce el colesterol,** y en **fibra insoluble, que favorece la eliminación.**
Repleto de **vitaminas A, C y E antioxidantes,** el mango contribuye a **proteger contra los daños oxidativos,**
y **ayuda al hígado** en su función de neutralizar y **eliminar toxinas** del organismo.*

Análisis nutricional por ración: *Calorías 109 kcal • Proteínas 2,7 g • Carbohidratos 22,2 g
[de los cuales, azúcares 19,9 g] • Grasas 1,7 g*

reconstituyente frutal caliente

Este reconfortante zumo es un potente reconstituyente. Las bayas aportan fibra, beneficiosa para el tracto digestivo, y abundantes antioxidantes, que mejoran la salud en general.

200 g de uvas negras sin pepitas • 2 ciruelas rojas • un trozo de 1 cm de jengibre pelado • ½ cucharadita de miel o néctar de ágave • 40 g de bayas variadas • ¼ de cucharadita de canela • 1 anís estrellado • 2 clavos • ½ rama de canela, y 1 rama para decorar

Licúe las uvas, las ciruelas y el jengibre. Ponga el zumo, la miel, las bayas y la canela molida en la batidora y mezcle hasta conseguir una textura homogénea. Vierta el zumo en un cazo con las especias enteras y caliéntelo a fuego suave sin que llegue a hervir. Cuele y sirva caliente con una ramita de canela para removerlo.

BENEFICIOS PARA LA SALUD
*Las uvas poseen un alto contenido en agua, por lo que son útiles **contra el estreñimiento** y para **limpiar los intestinos**. Las uvas negras en concreto están repletas de **flavonoides**, que son antiinflamatorios y **protegen contra las enfermedades cardíacas y el cáncer**.*

Análisis nutricional por ración: *Calorías 165 kcal • Proteínas 1,5 g • Carbohidratos 41,8 g [de los cuales, azúcares 39,8 g] • Grasas 0,4 g*

< depurador de pepino

El pepino posee un alto contenido en agua y es bajo en calorías, por lo que constituye un ingrediente estrella en cualquier zumo adelgazante. El pomelo aporta dulzor, además de ácido cítrico, una excelente ayuda para la digestión. Una cucharada de pipas de girasol incrementa el contenido en proteínas y los niveles de grasas esenciales beneficiosas para el metabolismo.

1 pomelo pelado • 1 pepino • 2 ramas de apio • 3 hojas de lechuga, y una más para decorar • 2 cucharaditas de pipas de girasol • cubitos de hielo para servir

Licúe la fruta y las verduras. Ponga el zumo y las pipas en la batidora, y mezcle hasta obtener una textura homogénea. Sirva con hielo y decore con una hoja de lechuga.

BENEFICIOS PARA LA SALUD
*El pepino contiene **azufre y silicio**, minerales que **favorecen las funciones del riñón y el hígado** para facilitar la eliminación y evitar la retención de líquidos. Además, es rico en **potasio**, que ayuda a mantener un **buen equilibrio de fluidos**.*

Análisis nutricional por ración: Calorías 136 kcal • Proteínas 5,4 g • Carbohidratos 17,1 g [de los cuales, azúcares 15 g] • Grasas 5,3 g

hinojo dulce >

Este zumo posee un característico sabor anisado y dulce. Esencial para cualquier programa de adelgazamiento, sus ingredientes proporcionan flavonoides (que luchan contra la grasa abdominal y mejoran el perfil metabólico del organismo).

1 bulbo de hinojo • 2 ramas de apio • 2 manzanas • 1 puñado de perejil de hoja plana • 1 cucharadita de cáscaras de psilio

Licúe las verduras, las frutas y las hierbas. Ponga el zumo en la batidora con las cáscaras de psilio y mezcle.

BENEFICIOS PARA LA SALUD
*El hinojo es conocido por ser **beneficioso para la digestión**, ya que es rico en **potasio y fibra**, que favorecen la eliminación y **reducen la retención de líquidos**. Además, **mejora la digestión de las grasas** al estimular la vesícula biliar y aumentar el flujo de bilis. El zumo contiene flavonoides, quercetina y rutina, **antioxidantes protectores**, así como **glucosinolatos beneficiosos para el hígado** (presentes en el perejil).*

Análisis nutricional por ración: *Calorías 93 kcal • Proteínas 2,8 g • Carbohidratos 20,1 g [de los cuales, azúcares 19,6 g] • Grasas 0,7 g*

< cura de cerezas

Gran zumo para acelerar la eliminación. Las cerezas son ricas en potasio y bajas en sodio, por lo que ayudan a controlar los niveles de líquidos en el organismo. El apio es un eficaz diurético que ayuda a eliminar los desechos y a evitar la retención de líquidos. El yogur natural es una gran fuente de proteínas y ayuda al cuerpo a quemar las grasas, al tiempo que mantiene el tono muscular y, con ello, un cuerpo más esbelto y delgado.

115 g de cerezas deshuesadas • 2 manzanas • 1 limón • 2 ramas de apio • 4 cucharadas de yogur natural desnatado

Licúe las cerezas, las manzanas, el limón y el apio. Vierta el zumo en la batidora con el yogur y mezcle hasta obtener una textura homogénea.

BENEFICIOS PARA LA SALUD
*El yogur natural contiene **bacterias beneficiosas** que ayudan a **mantener el equilibro entre ácido/base** en el organismo, además de **mejorar la inmunidad y la digestión**. Buena fuente de **triptófano** (precursor de la hormona del bienestar, la serotonina), el yogur natural **levanta el ánimo** y ayuda a **mantener la motivación** durante el programa de la Semana de zumos.*

Análisis nutricional por ración: *Calorías 110 kcal • Proteínas 5 g • Carbohidratos 21,4 g [de los cuales, azúcares 20,4 g] • Grasas 1 g*

< zumo rubí

Dulce, pero con un sutil toque ácido, este zumo de un bonito color carmesí está repleto de antioxidantes protectores y vitamina C, además de componentes que combaten a los gérmenes. Resulta un excelente zumo para el tracto digestivo. Sírvalo con hielo para obtener una bebida refrescante, o conviértalo en un reconfortante zumo invernal calentándolo ligeramente con algunas especias, como canela, anís estrellado y clavo.

175 g de arándanos frescos o congelados, y algunos más para decorar • 1 naranja pelada • 250 g de fresas • 1 cucharadita de zumo de aloe vera • cubitos de hielo para servir

Licúe las frutas y añada al final el zumo de aloe vera. Sirva con hielo y decore con dos o tres arándanos enteros.

BENEFICIOS PARA LA SALUD
*Los arándanos contienen **abundantes antioxidantes**, beneficiosos para la salud en general y **contra el estrés oxidativo** en particular. Ricos en **proantocianidinas**, ayudan a mantener la **salud del tracto urinario**. Además, evitan los agentes patógenos, como el Helicobacter pylori, y los problemas gastrointestinales asociados a los mismos.*

Análisis nutricional por ración: *Calorías 138 kcal • Proteínas 4 g • Carbohidratos 31,1 g [de los cuales, azúcares 30,6 g] • Grasas 0,5 g*

zumo de lichis

Muy nutritivo y refrescante, este zumo contiene apio (bajo en calorías), que combate la retención de líquidos y la distensión abdominal, y lichis, utilizados tradicionalmente por sus cualidades hidratantes, diuréticas y digestivas. La guayaba aporta un extra de vitamina C y una agradable textura cremosa.

1 guayaba • 2 ramas de apio • 1 pera • 10 lichis pelados y deshuesados • cubitos de hielo para servir

Licúe la guayaba, el apio y la pera. Ponga el zumo en la batidora con los lichis y mezcle hasta obtener una textura uniforme. Sirva con hielo.

BENEFICIOS PARA LA SALUD
*Los lichis proporcionan abundante **vitamina C y antioxidantes protectores**, especialmente flavonoides, **beneficiosos para la salud del sistema inmunológico** y para **reforzar el sistema circulatorio**.*

Análisis nutricional por ración: *Calorías 129 kcal • Proteínas 2,4 g • Carbohidratos 30,6 g [de los cuales, azúcares 30,3 g] • Grasas 0,6 g*

refresco de limón

Pruebe a diluir con agua caliente este delicioso zumo para empezar el día con buen pie o con agua con gas para disfrutar de una bebida refrescante si hace calor. Eficaz como tónico digestivo, el jengibre aporta un toque picante. Además, se trata de un zumo ideal para combatir las náuseas y asentar el estómago.

3 manzanas • 1 limón pelado • un trozo de 2,5 cm de jengibre pelado • agua con gas o agua caliente para servir

Licúe todos los ingredientes y diluya el zumo con agua caliente o con gas, al gusto.

BENEFICIOS PARA LA SALUD
*Las manzanas contienen fibra soluble conocida como **pectina**, que **se une a las toxinas** para ayudar a eliminarlas del cuerpo. La fibra, además, fomenta la proliferación de **bacterias beneficiosas** en el intestino, **estabiliza los niveles de azúcar en sangre** y **reduce el colesterol**. El zumo de manzanas recién exprimidas proporciona **ácido málico**, utilizado por las células para la **producción de energía**.*

Análisis nutricional por ración: *Calorías 100 kcal • Proteínas 1 g • Carbohidratos 25 g [de los cuales, azúcares 24,4 g] • Grasas 0,2 g*

zumo verde a la menta >

Este refrescante zumo depurador y calmante para el tracto digestivo contiene menta, una excelente ayuda para la digestión que reduce el exceso de acidez y mejora el tránsito intestinal, y limón y manzana, frutas depurativas que estimulan la eliminación de residuos y la descomposición de las grasas. El kiwi es rico en azúcares naturales. En conjunto, un fantástico reconstituyente.

2 kiwis pelados • 1 manzana • ½ pepino • ½ limón pelado • 1 puñado de hojas de espinaca • 3 hojas de menta, y algunas más para decorar • cubitos de hielo para servir

Licúe todos los ingredientes, sirva con hielo y decore con unas hojas de menta.

BENEFICIOS PARA LA SALUD
*Los kiwis son ricos en fibra, beneficiosa para el **control de los niveles de azúcar en sangre**, y en la enzima actinidina, que **ayuda al cuerpo a digerir las proteínas**. Repleto de las **vitaminas antioxidantes A, C y E**, y de **betacaroteno**, el kiwi **beneficia al sistema inmunológico** y ayuda al organismo a **combatir el estrés**.*

Análisis nutricional por ración: *Calorías 125 kcal • Proteínas 4,6 g • Carbohidratos 24,6 g [de los cuales, azúcares 22,6 g] • Grasas 1,3 g*

< tónico antiestrés

Este zumo es un excelente tónico calmante, la opción perfecta si siente ansiedad o estrés. Pruebe a tomarlo a sorbitos a última hora de la tarde para relajarse antes de acostarse. El yogur de soja aporta proteínas, que ayudan a estabilizar los niveles de azúcar en la sangre.

125 g de fresas • 1 pera • 1 manzana • ½ cucharadita de *tahini* **• 1 cucharadita de germen de trigo • 2 cucharadas de yogur de soja • 80 ml/ ⅓ de taza de leche de soja • cubitos de hielo para servir**

Licúe la fruta, ponga el zumo en la batidora con el resto de ingredientes y mezcle hasta obtener una textura homogénea. Sirva con hielo.

BENEFICIOS PARA LA SALUD
El yogur de soja aporta **bacterias beneficiosas** *que ayudan a mantener la* **acidez correcta en los intestinos,** *además de* **fibra alimentaria, que facilita la digestión.** *También es rico en* **vitaminas del grupo B,** *esenciales para el* **correcto funcionamiento de las glándulas suprarrenales** *(responsables de la producción de adrenalina, la hormona del estrés), y en* **isoflavonas,** *compuestos que* **protegen contra determinados cánceres.**

Análisis nutricional por ración: *Calorías 225 kcal • Proteínas 8 g • Carbohidratos 38,5 g [de los cuales, azúcares 35,2 g] • Grasas 5,3 g*

twist de frambuesas

Afrutado, depurador y energizante, este zumo es perfecto si necesita un reconstituyente. Todas las frutas son ricas en fibra soluble, incluida la pectina, para mantener el hambre a raya al tiempo que se estimula la eliminación. Las semillas de cáñamo aportan una textura cremosa y están repletas de grasas esenciales beneficiosas para el metabolismo.

1 manzana • 1 pomelo rosa pelado • 250 g de frambuesas • 1 cucharada de semillas de cáñamo peladas

Licúe la manzana y el pomelo. Ponga el zumo en la batidora con las frambuesas y las semillas, y mezcle hasta obtener una textura cremosa.

BENEFICIOS PARA LA SALUD
*Todas las bayas están repletas de vitaminas y antioxidantes, pero las frambuesas, además, son ricas en **ácido elágico**, conocido por sus **propiedades anticancerígenas**. El pomelo rosa, como otros tipos de pomelos, es rico es **antioxidantes** y favorece **el funcionamiento del hígado y la circulación de la sangre**. Las semillas de cáñamo son especialmente ricas en **calcio y magnesio**, minerales esenciales para la **salud de los huesos**.*

Análisis nutricional por ración: *Calorías 114 kcal • Proteínas 5 g • Carbohidratos 16 g [de los cuales, azúcares 15,1 g] • Grasas 3,9 g*

tomate picante

Bajo en carbohidratos, que el cuerpo convierte en azúcar, este zumo es perfecto para estabilizar los niveles de energía y evitar los altibajos en los niveles de azúcar. El elevado contenido en agua y potasio de este zumo hace que sea ideal para depurar el organismo y, por tanto, para el proceso de adelgazamiento.

4 tomates • 2 ramas de apio • ½ pepino • una pizca de pimienta de cayena • un chorrito de salsa Tabasco

Licúe las verduras y aderece el zumo con la pimienta y el Tabasco al gusto.

BENEFICIOS PARA LA SALUD
*La pimienta de cayena y la capsaicina del Tabasco son **estimulantes de la circulación**, aceleran el metabolismo y **favorecen la depuración y la eliminación**. Este zumo es rico en **betacaroteno, vitamina C y zinc**, que ayudan a **reforzar el sistema inmunológico**.*

Análisis nutricional por ración: *Calorías 70 kcal • Proteínas 3,4 g • Carbohidratos 11,5 g [de los cuales, azúcares 10,7 g] • Grasas 1,4 g*

zumos de por vida

Si ha salido airoso del Programa de fin de semana o de la Semana de zumos

y desea seguir con algunas recetas de zumos adelgazantes a largo plazo,

los deliciosos y sanos zumos y batidos del programa Zumos de por vida son

para usted. Cada zumo está pensado para que su preparación resulte sencilla

y fácil de encajar incluso en las agendas más apretadas. Los zumos proporcionan

vitaminas, minerales, enzimas y fitoquímicos esenciales que maximizan la

salud y mantienen el metabolismo en niveles óptimos para evitar el aumento

de peso y, lo que es más importante, facilitar una pérdida continuada en

el tiempo. Si permanecer delgado, optimizar su bienestar, sentirse bien y comer

sano son sus objetivos, tomar uno de estos zumos al día le ayudará a conseguirlos.

Póngase en marcha por la mañana con el cóctel de té verde, o evite los caprichos

tomando el cremoso y sustancioso *lassi* de mandarina y mango. Éstos y los

demás zumos de este capítulo tienen un único objetivo: ayudarle a mantenerse

esbelto, delgado y sano.

< refresco de melón, página 91

programa de los zumos de por vida

Mi intención es ayudarle a que le resulte lo más sencillo posible mantenerse delgado, y por eso el programa Zumos de por vida no resulta rígido ni difícil de seguir. Se trata más bien de convertirlo en una rutina sencilla en su vida.

Para facilitar la consecución de una buena salud a largo plazo, cuando siga el programa Zumos de por vida, intente seguir los principios mencionados en los capítulos sobre el Programa de fin de semana y la Semana de zumos (*véanse* págs. 22 y 46-47) al menos el 80 % del tiempo. Esto significa que puede ser menos estricto en un 20 %, y permitirse algún que otro capricho. Si sigue el programa Zumos de por vida, puede comer carnes rojas o lácteos, así como tomar alcohol o bebidas con cafeína, pero no todos los días.

Elegir los zumos El programa Zumos de por vida consiste en incluir en la dieta diaria un zumo o un batido fresco. Trate de asegurarse de tomar zumos de todos los colores a lo largo de la semana. Es posible que le gusten más los zumos rojos o naranjas, pero también conviene que beba zumos verdes, ya que facilitan la función depurativa del hígado (y así se ataca a la celulitis y la grasa). Si tiene unos objetivos de salud específicos, no dude en incluir zumos de los capítulos sobre belleza, energía y sistema inmunológico.

Si en algún momento siente que le falla la motivación, recurra al Programa de fin de semana o a la Semana de zumos para retomar el buen camino.

Manos a la obra Para ayudarle a empezar el programa de Zumos de por vida he creado dos días de ejemplo. Le muestran que sólo es necesario introducir cambios sencillos en la dieta y añadir un zumo al día para conseguir un cuerpo delgado y sano. No olvide incorporar un tratamiento depurador (*véase* pág. 14) en semanas alternas (o con más frecuencia si puede) para dar un empujón a sus esfuerzos, así como una rutina de ejercicios. Dos veces a la semana, realice 30 minutos de entrenamiento de resistencia o con pesas; y tres o cuatro veces por semana, 30 minutos de ejercicio cardiovascular que llegue a dejarle ligeramente sin aliento.

ejemplos del plan zumos de por vida

día uno

Al levantarse Una taza de agua caliente con el zumo de ½ limón

Desayuno Batido cremoso de cacao (**página 85**)

Tentempié de media mañana 1 melocotón; 1 puñado de almendras

Comida Ensalada de pollo asado: ase 1 pechuga de pollo. Sírvala con 1 puñado grande de hojas variadas, 2 corazones de alcachofas en conserva troceados, 1 puñado de olivas negras, 2 tomates cereza y ½ pimiento rojo picado. Aliñe con zumo de limón y unas gotas de aceite de sésamo y salsa de soja

Tentempié de media tarde Palitos de zanahoria y apio con 125 g de queso fresco y 2 galletas de avena

Cena Curry de gambas: pique ½ cebolla roja y saltéela con 1 cucharadita de pasta de curry y un diente de ajo picado. Corte en dados ½ boniato y 1 zanahoria, y añada 250 ml/1 taza de leche de coco; deje cocer durante 10 minutos. Incorpore 1 puñado de judías verdes, 100 g de gambas cocidas y 200 g de tomates en conserva picados. Lleve a ebullición, baje el fuego y deje cocer durante 5 minutos. Sirva con ½ taza de arroz basmati cocido. Un cuenco de bayas y 3 cucharadas de yogur natural desnatado

día dos

Al levantarse Té verde

Desayuno Ponga 2 cucharadas de avena en 55 ml de agua y deje cocer hasta que se ablande. Añada una pizca de canela, 1 puñado de arándanos y 2 cucharadas de semillas variadas. Vierta por encima 2 cucharadas de yogur natural desnatado

Tentempié de media mañana Explosión de goji (**página 86**)

Comida Sopa de lentejas con curry (*véase* pág. 48) con una ensalada: ½ bulbo de hinojo en juliana, 1 manzana rallada, 1 puñado de nueces y 1 puñado de berros, roqueta o canónigos. Para aliñar: 1 cucharada de zumo de naranja y 1 cucharadita de aceite de oliva

Tentempié de media tarde 2 galletas de centeno con mantequilla de almendras

Cena Salmón asado: corte en dados ½ calabaza pequeña. Ásela durante 15 minutos con ½ cebolla roja cortada por la mitad y ½ pimiento rojo. Añada 1 puñado de espárragos y coloque encima 1 filete de salmón. Rocíe con aceite de oliva y limón. Hornee durante 10 minutos; ¼ de melón cantalupo

< batido cremoso de cacao

Este capricho de batido está repleto de nutrientes que mantendrán sus niveles de energía durante todo el día. Supone un perfecto sustituto del desayuno. Las almendras aportan un elevado contenido proteico que ayuda a equilibrar los niveles de azúcar en sangre, lo que mantiene la concentración.

200 ml de leche de almendras • 1 cucharada de cacao puro • ½ plátano pequeño pelado • ½ cucharadita de extracto de vainilla • 1 cucharadita de néctar de ágave • una pizca de canela para servir

Mezcle todos los ingredientes en la batidora hasta obtener una textura homogénea y cremosa. Sirva espolvoreado con canela.

BENEFICIOS PARA LA SALUD

*El cacao puro no está procesado ni se ha tratado con calor, y, por tanto, contiene muchos más **antioxidantes** que el procesado (e incluso más que la mayoría de frutas y verduras). Resulta especialmente rico en **magnesio** (necesario para **el funcionamiento de los músculos y la relajación**) y **arginina**, un aminoácido que ayuda a **mantener la masa muscular**. Además, está repleto de **los aminoácidos triptófano y feniletilamina**, beneficiosos para el **estado de ánimo**.*

Análisis nutricional por ración: Calorías 181 kcal • Proteínas 3,8 g • Carbohidratos 28 g [de los cuales, azúcares 11,6 g] • Grasas 9,2 g

explosión de goji

Este zumo es, a un tiempo, la combinación perfecta de energía rápida y duradera. Se trata de un batido cremoso, sin lácteos, repleto de antioxidantes, vitaminas del grupo B y muchas proteínas para combatir la fatiga. Sírvalo como un desayuno rápido o como tentempié de media mañana.

15 g de bayas de goji secas • 1 naranja pelada • ½ caqui • ½ cucharada de almendras • 40 g de frambuesas • ½ plátano pequeño

Ponga en remojo las bayas de goji en 170 ml de agua durante 15 minutos. Exprima la naranja. Ponga el zumo y el resto de ingredientes, incluida el agua del remojo, en la batidora y mezcle hasta obtener una textura homogénea.

BENEFICIOS PARA LA SALUD
*Las bayas de goji contienen **todos los aminoácidos esenciales** (aquellos que debemos obtener de los alimentos), así como numerosos minerales, entre ellos **zinc**, **hierro**, **calcio** y **selenio**, beneficiosos para la salud inmunológica y la producción de energía. Poseen más betacaroteno que las zanahorias.*

Análisis nutricional por ración: *Calorías 210 kcal • Proteínas 6,3 g • Carbohidratos 41,6 g [de los cuales, azúcares 25,2 g] • Grasas 4,6 g*

cóctel de té verde

Este zumo, un potente depurador y protector, le pondrá en marcha para empezar el día y acelerará la eliminación de toxinas. Se ha demostrado que el té verde estimula el metabolismo y la capacidad del cuerpo para quemar grasas, lo que significa que se le acumulará menos grasa en el abdomen. Resulta delicioso tanto frío como caliente.

3 manzanas • 1 limón pelado • un trozo de 1 cm de jengibre pelado • 150 ml de té verde, caliente o frío

Licúe las manzanas, el limón y el jengibre. Añada el zumo al té verde y remueva.

BENEFICIOS PARA LA SALUD
*El té verde contiene **antioxidantes beneficiosos para la salud**, incluidos flavonoides y catequinas, que **favorecen la salud del corazón** y **protegen contra el cáncer**. El contenido en taninos es **bueno para los problemas digestivos**, mientras que la teanina del té verde puede ayudar a **aliviar el estrés y a mejorar la concentración**. El jengibre **favorece la circulación** y la salud del aparato digestivo.*

Análisis nutricional por ración: Calorías 101 kcal • Proteínas 1,3 g • Carbohidratos 24,7 g [de los cuales, azúcares 23,5 g] • Grasas 0,3 g

batido de arándanos y asaí >

Este batido lo tiene todo para perder peso de manera eficaz. Repleto de poderosos antioxidantes, incluidas las antocianidinas, favorece la eliminación de toxinas y desechos del cuerpo por parte de los sistemas enzimáticos del hígado. Rico en fibra soluble, como pectina, y en yogur probiótico, resulta saciante y estabiliza los niveles de azúcar en sangre, aportando así un extra de energía y evitando los caprichos. La pectina, además, ayuda a absorber las toxinas del tracto digestivo, por lo que este batido constituye un excelente depurador. Dado que es baja en calorías pero saciante, esta bebida puede sustituir muy bien una comida si desea perder peso.

100 g de arándanos y 4 o 5 más para decorar • 50 g frambuesas • 60 ml de zumo de asaí o granada • 4 cucharadas de yogur natural desnatado • cubitos de hielo para servir

Mezcle todos los ingredientes en la batidora hasta conseguir una textura homogénea. Sirva en vasos largos con hielo y decore con cuatro o cinco arándanos enteros.

BENEFICIOS PARA LA SALUD
*Los arándanos contienen **psterostilbeno y pectina**, que parece ser que ayudan a **reducir los niveles de colesterol en sangre, a purificar el cuerpo** y a **eliminar toxinas**, al tiempo que refuerzan los capilares (beneficioso **contra la celulitis y las grasas persistentes**).*

Análisis nutricional por ración: *Calorías 93 kcal • Proteínas 3,8 g • Carbohidratos 17,9 g [de los cuales, azúcares 17,9 g] • Grasas 0,8 g*

< melocotones y crema

Este batido, con vainilla y especias, aporta una experiencia de ensueño. Las almendras y los plátanos proporcionan una cremosidad baja en grasas y en calorías. Constituye un desayuno rápido y nutritivo o un tentempié de media mañana.

1 melocotón maduro, y una rodaja extra para decorar • ½ plátano • ½ cucharadita de extracto de vainilla • 1 cucharada de mantequilla de almendras • ½ cucharadita de néctar de ágave • una pizca de canela • una pizca de especias • cubitos de hielo

Ponga todos los ingredientes en la batidora con 125 ml de agua y mezcle hasta obtener una textura homogénea. Sirva con hielo y decore con una rodaja de melocotón.

BENEFICIOS PARA LA SALUD
*Los melocotones son ricos en **flavonoides, licopeno, betacaroteno** y **vitamina C**, beneficiosos para el sistema inmunológico y la **regeneración celular**. Además, aportan **ácido fólico** y **vitaminas del grupo B**, que **revitalizan el organismo**.*

Análisis nutricional por ración: *Calorías 169 kcal • Proteínas 4,8 g • Carbohidratos 20,8 g [de los cuales, azúcares 17,8 g] • Grasas 8 g*

refresco de melón

Dulce y refrescante, con un toque ácido, este zumo es perfecto para despertar a las papilas gustativas por la mañana. Se trata de un zumo ligero, bajo en calorías, que le ayudará a seguir la dieta. Intente diluirlo con agua con gas para disfrutar de un refresco revitalizante.

200 g de melón cantalupo (pulpa) • 1 lima pelada • 2 hojas de menta • 1 pera, y un cuarto más para decorar • cubitos de hielo para servir

Licúe todos los ingredientes, sirva con hielo y decore con un cuarto de pera.

BENEFICIOS PARA LA SALUD
*El melón cantalupo, de pulpa naranja, es una excelente fuente de **betacaroteno** y **vitamina C**, poderosos nutrientes que ayudan a **mantener la piel sana** y **protegen al organismo de los radicales libres**. Esta variedad de melón, que también es rico en **potasio**, ayuda a **regular la presión sanguínea** y a mantener **un buen equilibro de fluidos**.*

Análisis nutricional por ración: *Calorías 112 kcal • Proteínas 1,9 g • Carbohidratos 26,6 g [de los cuales, azúcares 25,2 g] • Grasas 0,4 g*

inyección de caroteno

Si necesita energía durante el día, tome a sorbos este zumo cremoso y rico en propiedades rejuvenecedoras gracias a la vitamina C y a los carotenos. La mantequilla de cacahuete ofrece una buena dosis de proteínas y grasas, lo que supone la liberación continuada de combustible para las células y una ayuda para sentirse más saciado.

½ boniato pequeño • 200 g de melón cantalupo (pulpa) • 2 zanahorias • 1 cucharadita de mantequilla de cacahuete sin sal ni azúcar

Licúe el boniato, el melón y las zanahorias. Vierta el zumo en la batidora con la mantequilla de cacahuete y mezcle hasta obtener una consistencia cremosa.

BENEFICIOS PARA LA SALUD
*La mantequilla de cacahuete aporta un auténtico extra nutritivo: es rica en antioxidantes, incluidos el **resveratrol** y la **vitamina E**, y en otros **nutrientes que protegen el corazón**, como folato y grasas monoinsaturadas. El melón cantalupo y las zanahorias son dos de las **mejores fuentes de betacaroteno**, que el organismo convierte en vitamina A y un nutriente esencial para **un sistema inmunológico sano**.*

Análisis nutricional por ración: *Calorías 239 kcal • Proteínas 5,1 g • Carbohidratos 47,6 g [de los cuales, azúcares 22,2 g] • Grasas 4,5*

superverde >

La explosión de clorofila y proteínas de este zumo ligero y refrescante resulta increíblemente nutritiva y ayuda a depurar el cuerpo, además de favorecer el funcionamiento del hígado. Es un maravilloso zumo para mantener una sensación de ligereza y energía.

1 puñado grande de hojas de col verde • 1 puñado grande de hojas de espinacas • 2 peras • 1 limón pelado • 150 ml de agua de coco • cubitos de hielo para servir

Licúe las verduras y las frutas, añada el agua de coco, remueva y sirva con hielo.

BENEFICIOS PARA LA SALUD
*El agua de coco se conoce también como el «líquido de vida». Contiene una **equilibrada proporción de los electrolitos** potasio, calcio, magnesio y sodio, que ayudan al organismo a conseguir un **equilibrio de fluidos correcto**. Maravillosamente revitalizante, es la **bebida isotónica perfecta** para rehidratarse después de hacer ejercicio.*

Análisis nutricional por ración: *Calorías 176 kcal • Proteínas 3,7 g • Carbohidratos 38,7 g [de los cuales, azúcares 30,5 g] • Grasas 1,4 g*

matamicrobios

Si se siente cansado, tómese este delicioso batido para mantener
a los microbios a raya, al tiempo que evita los ataques de hambre y cuida
su sistema digestivo. Este batido es rico en vitamina C y antioxidantes
protectores, así como en bacterias saludables (del yogur) que favorecen
la salud del sistema inmunológico. Deliciosamente espeso, proporciona
un reconstituyente inmediato que sustituye a una comida si no tiene tiempo
para más.

**½ cucharadita de germen de trigo • ½ cucharada de gachas de avena • 3 mitades de pacanas
• 115 g de fresas • ½ plátano • 125 ml de zumo de naranja • 4 cucharadas de yogur natural
desnatado**

Ponga el germen de trigo, la avena y los frutos secos en una sartén antiadherente grande.
Caliéntelos a fuego medio y remueva de vez en cuando hasta que se tuesten ligeramente.
Deje enfriar. Ponga el resto de los ingredientes y la mitad de la preparación tostada en
la batidora. Mezcle hasta obtener una consistencia homogénea y cremosa. Sirva en el vaso
y corone con el resto de la mezcla de avena.

BENEFICIOS PARA LA SALUD
*El germen de trigo es una fuente muy concentrada de nutrientes, incluidos **proteínas, vitaminas del grupo B,
vitamina E** y los minerales **zinc, selenio y magnesio**. Además, es una gran fuente de **fibra**. La avena y los frutos
secos también aportan abundante zinc, un nutriente esencial para un **sistema inmunológico sano**.*

Análisis nutricional por ración: *Calorías 247 kcal • Proteínas 7,5 g • Carbohidratos 32,6 g [de los cuales,
azúcares 24,3 g] • Grasas 10,4 g*

batido energético de aguacate

El aguacate puede parecer un ingrediente extraño para un zumo, pero aporta una textura cremosa y combina bien con frutas de sabor más intenso. Este batido mantendrá sus niveles de energía durante el día, y dado que el aguacate ayuda a ralentizar el flujo de glucosa hacia las células, es perfecto para mantener a raya los ataques de hambre.

150 g de piña • ½ lima pelada • ½ aguacate maduro, pelado y deshuesado • ½ mango maduro, pelado y deshuesado • 2 cucharaditas de semillas de cáñamo • cubitos de hielo para servir

Licúe la piña y la lima. Ponga el zumo en la batidora con el resto de ingredientes y 100 ml de agua, y mezcle hasta obtener una consistencia homogénea. Añada un poco más de agua si la preparación queda demasiado espesa. Sirva con hielo.

BENEFICIOS PARA LA SALUD
*Los aguacates se encuentran entre las frutas más nutritivas de las que disponemos. Son ricos en **grasas saludables** y están repletos de las **vitaminas antioxidantes A, C y E, que protegen las células**, así como de **vitaminas del grupo B, que aportan energía y son beneficiosas para el funcionamiento de las glándulas suprarrenales** en épocas de estrés.*

Análisis nutricional por ración: Calorías 258 kcal • Proteínas 5,3 g • Carbohidratos 28,1 g [de los cuales, azúcares 24,8 g] • Grasas 14,9 g

< energía de granada

Las granadas son muy ricas en antioxidantes, que junto con la raíz de maca de este zumo proporcionan una bebida energética para curar y proteger al organismo. Refrescante y revitalizante, este zumo es perfecto para dar un empujón a los niveles de energía y mantenerse en perfecto estado a lo largo del día.

1 granada (semillas y pulpa) • 1 manzana • 75 g de cerezas deshuesadas • 150 ml de agua de coco • 1 cucharadita de raíz de maca en polvo

Licúe la granada y la manzana. Ponga el zumo y el resto de ingredientes en la batidora y mezcle hasta obtener una textura homogénea.

BENEFICIOS PARA LA SALUD
*La maca es una raíz de Perú, por ello se conoce también como ginseng peruano. Se trata de un **adaptógeno** que ayuda al organismo a reequilibrarse en momentos de estrés, y es una riquísima fuente de vitaminas, minerales (en especial calcio), enzimas y proteínas. Además, **regula las hormonas femeninas**, por lo que resulta útil **frente a los síntomas de la menopausia y premenstruales.***

Análisis nutricional por ración: *Calorías 167 kcal • Proteínas 2,8 g • Carbohidratos 39,6 g [de los cuales, azúcares 28,4 g] • Grasas 0,4 g*

cóctel vegetal

Si está muy ocupado, este zumo vegetal, dulce y ligero, es perfecto como tentempié refrescante o como parte de una comida baja en calorías. Está repleto de energía de liberación lenta para mantener a raya los ataques de hambre.

3 tomates • 2 zanahorias • 2 naranjas • ¼ de pepino • 1 puñado de hojas de albahaca

Licúe todos los ingredientes.

BENEFICIOS PARA LA SALUD
*Este zumo rebosa **fitonutrientes, que defienden contra las enfermedades crónicas** como el cáncer. La aromática albahaca es conocida por sus propiedades **antimicrobianas**; sus aceites esenciales ayudan a **reducir la inflamación y acaban con las bacterias perjudiciales**. Además, la albahaca es capaz de reducir el riesgo de intoxicación alimentaria y **calma los trastornos digestivos**.*

Análisis nutricional por ración: *Calorías 158 kcal • Proteínas 5,1 g • Carbohidratos 33,9 g [de los cuales, azúcares 31,6 g] • Grasas 1,2 g*

protector de arándanos rojos

La leche de coco de este zumo cremoso y rosado es una rica fuente de triglicéridos de cadena media, que aumentan la quema de calorías. Esto significa que favorece la producción de energía en lugar de almacenarla como grasa. Una cucharada de almendras añadidas al zumo aporta proteínas, que mantienen el hambre a raya, y grasas esenciales beneficiosas para el metabolismo.

1 pera • 115 g de arándanos rojos frescos o congelados • 150 ml de leche de coco • 1 cucharadita de almendras molidas • 1 cucharadita de miel

Licúe la pera y los arándanos. Ponga el zumo en la batidora con el resto de ingredientes y mezcle hasta obtener una consistencia homogénea y cremosa.

BENEFICIOS PARA LA SALUD
*La leche de coco es muy fácil de digerir y de absorber, y una gran **ayuda para la salud de los sistemas digestivo e inmunológico**. Es rica en ácido láurico, con **propiedades antivíricas** y **antimicrobianas**, y ácido caprílico, que es **antifúngico**. Por tanto, se trata de un alimento **protector de la salud en general**. Los arándanos son ricos en **antioxidantes que mejoran la inmunidad**, y resulta especialmente calmante si padece una infección del tracto urinario. La miel posee propiedades antimicrobianas y aporta una **inyección instantánea de energía** cuando las reservas están bajas.*

Análisis nutricional por ración: *Calorías 164 kcal • Proteínas 2,4 g • Carbohidratos 32,7 g [de los cuales, azúcares 31 g] • Grasas 3,5 g*

depurador de melocotón

Este batido estival y afrutado es una importante fuente de azúcares naturales y fibra soluble, que estabilizan los niveles de azúcar en sangre y ayudan a conservar la energía. Si añade un puñado de semillas o de frutos secos, dispondrá de proteínas y grasas esenciales para favorecer el funcionamiento del hígado y estimular el metabolismo, de manera que se favorezca la pérdida de peso.

2 melocotones deshuesados • 1 zanahoria • 1 naranja pelada • 1 plátano pequeño • 2 cucharaditas de pipas de girasol

Licúe los melocotones, la zanahoria y la naranja. Ponga el zumo en la batidora con el plátano y las pipas, y mezcle hasta obtener una consistencia homogénea. Añada un poco de agua para diluir el zumo si lo considera necesario.

BENEFICIOS PARA LA SALUD
*Rebosantes de **vitamina C y betacaroteno**, los melocotones **son beneficiosos para el sistema inmunológico** y para conseguir una piel **más radiante y sana**. Además, son ricos en **potasio**, que **favorece el equilibrio de fluidos** y ayuda a **regular la presión sanguínea**.*

Análisis nutricional por ración: Calorías 242 kcal • Proteínas 6 g • Carbohidratos 42,5 g [de los cuales, azúcares 40,4 g] • Grasas 5,4 g

zanahoria, limón y especias

Este zumo nutritivo, rico en antioxidantes, está repleto de azúcares naturales, que aumentan los niveles de energía y le ayudarán a seguir adelante si se enfrenta a la tentación de un tentempié dulce y poco saludable. El jengibre estimula el metabolismo, una gran noticia para las personas que desean perder peso, porque acelera la quema de calorías.

1 limón pelado • 1 pera • 3 zanahorias • 3 ramas de apio • un trozo de 1 cm de jengibre pelado • cubitos de hielo para servir

Licúe todos los ingredientes, mezcle bien y sirva con hielo.

BENEFICIOS PARA LA SALUD
*La raíz fresca de jengibre, conocida por sus beneficios digestivos, ayuda a **aliviar la indigestión y las náuseas**. Sus **potentes gingeroles** poseen propiedades antiinflamatorias que contribuyen a **reducir el dolor y la inflamación**, además de **aliviar el asma**.*

Análisis nutricional por ración: *Calorías 57 kcal • Proteínas 1,7 g • Carbohidratos 11,6 g [de los cuales, azúcares 10,4 g] • Grasas 0,7 g*

twist tropical >

Este zumo le levantará el ánimo y le ayudará a sentirse mejor en los momentos en que las fuerzas empiecen a flaquear. Si tritura el mango en lugar de licuarlo, aportará abundante fibra soluble, que favorece la eliminación de toxinas y la salud del intestino.

2 kiwis • 100 g de piña (pulpa) • ½ mango pelado, deshuesado y troceado • 1 cucharada de zumo de lima

Licúe los kiwis y la piña. Ponga el zumo en la batidora con el mango y el zumo de lima, y mezcle hasta obtener una textura homogénea. Diluya con agua al gusto.

BENEFICIOS PARA LA SALUD
*Las limas son muy ricas en **vitamina C** y **bioflavonoides**, beneficiosos para el funcionamiento del hígado y para **acelerar la eliminación de toxinas**. Además, **fortalecen los vasos sanguíneos**, lo que supone un gran estímulo para una **piel radiante y sana**, y son una buena fuente de **anticancerígeno limoneno y pectina, que favorece la reducción del colesterol**. La enzima **bromelina** de la piña **facilita la digestión**.*

Análisis nutricional por ración: *Calorías 144 kcal • Proteínas 2,3 g • Carbohidratos 33,6 g [de los cuales, azúcares 31,5 g] • Grasas 1 g*

< pimiento perfecto

Dulce y cremoso, este zumo incluye *tahini* (pasta de sésamo), que aporta proteínas y grasas esenciales. Le ayudará a no pasar hambre y estimula el metabolismo.

1 pimiento rojo cortado por la mitad, sin semillas, y una tira para decorar • 2 zanahorias • ½ boniato • 1 cucharadita de *tahini*

Licúe el pimiento, las zanahorias y el boniato. Ponga el zumo en la batidora con el *tahini* y mezcle hasta obtener una textura homogénea. Sirva decorado con una tira de pimiento rojo.

BENEFICIOS PARA LA SALUD
*Los pimientos rojos están repletos de **licopeno**, **un anticancerígeno**, así como de **betacaroteno** y **vitamina C**, beneficiosos para el sistema inmunológico. Estos nutrientes **combaten las infecciones, protegen los pulmones y estimulan la salud de la piel**. El tahini aporta abundante **calcio y magnesio**, beneficiosos para los huesos.*

Análisis nutricional por ración: *Calorías 221 kcal • Proteínas 4,2 g • Carbohidratos 43,4 g [de los cuales, azúcares 18,5 g] • Grasas 4,5 g*

plátano-manzana-*toffee*

Sencillo pero repleto de energía, este batido posee un maravilloso sabor a *toffee*. El mezquite ayuda a estabilizar el azúcar en sangre, lo que mejora el funcionamiento de la insulina y ralentiza la liberación de glucosa en las células sanguíneas. Los dátiles aportan dulzor y fibra soluble, además de contribuir a ralentizar la liberación de azúcares en el organismo.

1 ½ manzana • 1 ½ plátano pequeño • 3 dátiles • 1 cucharadita de mantequilla de almendras • 1 cucharada de mezquite en polvo

Licúe las manzanas. Ponga el zumo en la batidora con el resto de ingredientes. Añada 125 ml de agua y mezcle hasta obtener una textura homogénea.

BENEFICIOS PARA LA SALUD
*El mezquite en polvo es un **superalimento tradicional de Norteamérica** que se elabora moliendo las vainas del mezquite, un árbol. Se trata de un alimento **rico en proteínas y en minerales fundamentales**, como **calcio, magnesio, hierro y zinc**.*

Análisis nutricional por ración: *Calorías 257 kcal • Proteínas 5,1 g • Carbohidratos 48,5 g [de los cuales, azúcares 38,5 g] • Grasas 3,6 g*

explosión de papaya >

¿Se siente un poco lento? Pruebe esta bomba de enzimas. La piña y la papaya de este zumo proporcionan bromelina y papaína, enzimas que estimulan la digestión y la absorción y asimilación de nutrientes en el intestino.

150 g de piña (pulpa) • 2 ramas de apio • 2 hojas de menta y una ramita para decorar • ½ papaya sin semillas y pelada

Licúe la piña, el apio y las hojas de menta. Ponga el zumo en la batidora con la papaya y mezcle hasta conseguir una textura homogénea. Diluya con agua al gusto y decore con una ramita de menta.

BENEFICIOS PARA LA SALUD
*La menta, con propiedades calmantes, supone una gran ayuda para la digestión. Resulta **eficaz contra numerosos problemas digestivos**, como la indigestión, los gases y los movimientos irregulares del intestino. Además, es un popular **remedio contra el síndrome del colon irritable** y para aliviar los calambres y los dolores abdominales.*

Análisis nutricional por ración: *Calorías 94 kcal • Proteínas 1,9 g • Carbohidratos 21,3 g [de los cuales, azúcares 14,9 g] • Grasas 0,5 g*

< raíces amarillas

Depurador y refrescante, este delicado zumo equilibra los niveles de líquidos y alivia la retención. El toque de jengibre ayuda a calmar los problemas digestivos y las náuseas provocados por los excesos, mientras que el probiótico o la glutamina favorecen la salud de los intestinos.

1 pera • 2 chirivías • 115 g de bulbo de apio pelado • 200 g de melón cantalupo (pulpa) • un trozo de 1 cm de jengibre pelado • 1 cucharadita de probiótico o glutamina en polvo

Licúe todos los ingredientes y añada por último el probiótico o la glutamina. Remueva.

BENEFICIOS PARA LA SALUD
*Las chirivías proporcionan abundantes azúcares naturales, que **aumentan los niveles de energía**, y son ricas en las **antioxidantes vitaminas C y E**, además de contar con numerosos fitoquímicos que **combaten los radicales libres asociados con el envejecimiento**. Otro de sus componentes es el **potasio**, que ayuda a **regular los niveles de líquidos**.*

Análisis nutricional por ración: *Calorías 181 kcal • Proteínas 4,5 g • Carbohidratos 38,8 g [de los cuales, azúcares 31,1 g] • Grasas 1,7 g*

apio especiado

Pruebe este zumo estimulante algún día que quiera comer ligero. La combinación de peras, apio e hinojo resulta beneficiosa para el sistema digestivo. Se trata de un gran zumo contra la retención de líquidos y la distensión abdominal.

3 ramas de apio • ½ bulbo de hinojo • ½ pepino • 2 hojas de salvia • 1 ramita de orégano • 2 peras • salsa Worcestershire o de soja

Licúe todos los ingredientes. Sirva con un chorrito de salsa al gusto.

BENEFICIOS PARA LA SALUD
*El orégano es un gran **antioxidante** (aporta **cuatro veces más protección que los arándanos**). Conocido por su potente efecto antimicrobiano, es capaz de **acabar con las bacterias dañinas, los virus y los hongos** (incluida Candida albicans). Al parecer, también es **beneficioso para la salud de las vías respiratorias**.*

Análisis nutricional por ración: *Calorías 151 kcal • Proteínas 2,9 g • Carbohidratos 34,5 g [de los cuales, azúcares 32 g] • Grasas 0,9 g*

depurador cítrico verde

El tangelo, un cítrico que se cultiva en Jamaica, es una buena fuente de fibra soluble y minerales, y un excelente depurador que ayuda a mantener la piel lisa y radiante. Rebosante de antioxidantes protectores, este zumo es el antídoto perfecto contra los días estresantes y pesados en los que se necesita un reconstituyente rápido.

2 naranjas peladas • 1 tangelo o pomelo blanco pelado • 1 calabacín • 3 ramitos de brécol • un trozo de 1 cm de jengibre pelado

Licúe todos los ingredientes y remueva el zumo obtenido.

BENEFICIOS PARA LA SALUD
*Los cítricos son conocidos por sus propiedades estimulantes del sistema inmunológico, ya que están **repletos de bioflavonoides y vitamina C**, que ayudan a **estimular la actividad de los glóbulos blancos**. El jengibre **potencia la digestión** y la **circulación**.*

Análisis nutricional por ración: Calorías 166 kcal • Proteínas 7,2 g • Carbohidratos 33,7 g [de los cuales, azúcares 31,7 g] • Grasas 1,1 g

lassi de mandarina y mango >

El uso de fruta en conserva hace que la preparación de este batido refrescante de sabor tropical sea rápida. Los anacardos aportan una buena dosis de proteínas, que mantienen la sensación de saciedad durante más tiempo. Pruébelo al final de un día duro o como tentempié después de hacer ejercicio.

80 ml de leche de coco • ¼ de mango pelado, deshuesado y troceado • 125 g de mandarinas en conserva • 15 g de anacardos • ½ cucharadita de semillas de cardamomo • cubitos de hielo para servir

Escurra las mandarinas y reserve 80 ml de jugo. Mezcle todos los ingredientes y el jugo en la batidora hasta obtener una textura cremosa. Sirva con hielo.

BENEFICIOS PARA LA SALUD
*Los anacardos son excelentes **contra la fatiga**, y **ricos en cobre y hierro**, que contribuyen a la formación de glóbulos rojos. Buena fuente de **magnesio y calcio**, ayudan a **reforzar los huesos y a relajar los músculos**, mientas que las **proteínas** que contienen son estupendas para **la recuperación y la reparación muscular**.*

Análisis nutricional por ración: Calorías 191 kcal • Proteínas 4,5 g • Carbohidratos 27,9 g [de los cuales, azúcares 24,5 g] • Grasas 7,7 g

zumos de belleza

Tanto si su objetivo es atacar la celulitis como aclarar el cutis o mantener las arrugas bajo control, un zumo fresco al día ofrece una vía segura para ver resultados. La piel es una parte fundamental del sistema de gestión de residuos del organismo. Tomar un solo zumo al día le puede ayudar a acelerar los procesos de depuración de la piel, a mejorar su tono y su textura, y a fomentar la producción de colágeno (que la mantendrá suave). Existen zumos que aportan brillo al cabello. La deliciosa selección de zumos ricos en nutrientes de este capítulo está repleta de nutrientes que realzan la belleza, aportan un aspecto sano, una piel radiante, un cabello brillante y unas uñas fuertes. Comience un día cualquiera con un batido de albaricoque y melocotón para tratar los granos y conseguir un tono deslumbrante. Otro día puede probar en la comida el delicioso y dulce reconstituyente púrpura, con ingredientes que protegen la piel de los efectos de los radicales libres. Éstos y el resto de zumos de este capítulo pretenden hacer de su rutina de belleza una tarea tan deliciosa como eficaz.

< depurador de uva y limón, página 125

programa de los zumos de belleza

La mayoría de las mujeres que conozco (me incluyo) invierten mucho tiempo y dinero en productos de belleza que funcionan desde el exterior hacia el interior. Compramos cosméticos, lociones y cremas que nos prometen reducir los signos del envejecimiento, acabar con las manchas y conseguir un cabello brillante.

Sin embargo, lo que comemos ejerce un efecto mucho más profundo en nuestro aspecto. Si alimenta su cuerpo con los nutrientes adecuados, la piel y el cabello resplandecerán gracias a su buena salud. ¿Y cuál es una de las maneras más sencillas de aumentar los nutrientes de belleza? Convertir los zumos en una parte de su rutina diaria de belleza.

La piel es el órgano más grande del cuerpo y una importante vía para la eliminación de toxinas. Esto significa que suele ser también el primer lugar en el que se aprecian las consecuencias de una dieta pobre: granos, piel seca y otros efectos pueden indicar que su cuerpo no recibe los nutrientes adecuados para gozar de una buena salud. Una dieta rica en frutas y verduras favorece el funcionamiento del hígado y su trabajo de eliminación de toxinas, lo que ayuda a mantener una buena piel. La vitamina C de las frutas y las verduras resulta esencial para la formación de colágeno y elastina, que ayudan a mantener la piel suave, flexible y joven. A medida que mejore la dieta, las células de la piel se multiplicarán en las capas profundas de la epidermis (la parte superior de la piel). En unas cuatro semanas, esas células nuevas y robustas saldrán a la superficie y verá su aspecto rejuvenecido.

Nutrientes para la piel Muchos de los zumos de este capítulo incluyen ácidos grasos esenciales, como los que se encuentran en los frutos secos, las semillas, los aceites de semillas y el aguacate. Las células absorben esas grasas saludables y contribuyen a mantener hidratados la piel y el cabello. Además de contener numerosos antioxidantes, las grasas saludables también son antiinflamatorias, una propiedad importante si tiene problemas como erupciones, eccemas o psoriasis. Si tiene la piel seca o caspa, la biotina (vitamina del grupo B) de los frutos secos, el aguacate y determinadas frutas y verduras (tomates y zanahorias, por ejemplo) contribuye a mantener esos problemas bajo control.

Los frutos secos y el yogur natural contienen zinc, que ayuda a curar cicatrices y heridas. Si el acné es un problema, tal vez su piel produzca un exceso de grasa, que es su hidratante natural. La vitamina A (presente en diversas verduras y frutas, incluidos zanahorias, verduras de hoja verde y melón cantalupo) puede resultar útil para reducir el nivel de grasa.

Para disfrutar de un envejecimiento saludable y un aspecto radiante, la dieta debe contener suficientes proteínas que ayuden a reparar y reponer las células de la piel y las uñas, y conseguir un cabello fuerte y brillante. Es la razón por la que muchos de los zumos de este capítulo incluyen proteínas en forma de yogur, frutos secos y semillas.

Utilizar los zumos de belleza Para maximizar los beneficios de estos zumos, le recomiendo que tome dos o tres a diario durante al menos cuatro semanas. Puede combinarlos con cualquiera de los zumos de este libro, o bien concentrarse en ellos como parte de la dieta habitual. Seleccione los zumos que aborden los problemas que le afectan personalmente, o incluya una selección variada para beneficiarse de ellos en todos los aspectos. A continuación se incluye un ejemplo de dieta para un día.

ejemplo de dieta con zumos de belleza

Desayuno Batido de albaricoque y melocotón (**página 114**)

Tentempié de media mañana Palitos vegetales con mojo de guacamole

Comida Tortilla de 2 huevos con pimientos picados, 1 puñado de espinacas y 2 tomates picados; ensalada variada. Cuenco de arándanos con 2 cucharadas de yogur natural desnatado

Tentempié de media tarde Bótox instantáneo (**página 122**); 1 puñado de pipas de calabaza

Cena Cura para heridas (**página 117**). Salmón al horno con brécol, zanahorias y espárragos al vapor, y un boniato asado

batido de albaricoque y melocotón

La combinación de fruta y soja de este zumo aporta abundante betacaroteno y proteínas, que dan energía y protegen la piel. Si le preocupa la celulitis, sepa que la lecitina y el omega del aceite ayudan a descomponer las grasas y estimulan el metabolismo.

150 g de piña (pulpa) • 2 albaricoques frescos deshuesados • 1 melocotón pequeño deshuesado • 115 g de tofu sedoso • 1 cucharadita de lecitina en gránulos • 1 cucharadita de aceite con omega 3-6-9, o aceite de semillas de lino

Licúe la piña. Ponga el zumo y el resto de ingredientes en la batidora y mezcle hasta obtener una consistencia homogénea y cremosa.

BENEFICIOS PARA LA SALUD
*Los gránulos de lecitina, procedentes de la soja, **aceleran la descomposición de las grasas,** por lo que resultan un ingrediente útil para fomentar la **pérdida de peso y reducir el colesterol.** Además, **son beneficiosos para la salud del hígado y la vesícula biliar.** La lecitina contiene fosfatidilcolina, un componente esencial de las membranas celulares. Al tomarla como suplemento se convierte en colina, un nutriente vital para **mejorar las funciones cerebrales.***

Análisis nutricional por ración: *Calorías 220 kcal • Proteínas 11,3 g • Carbohidratos 27 g [de los cuales, azúcares 25,3 g] • Grasas 8,3 g*

reconstituyente púrpura >

Este zumo maravillosamente espeso, de un intenso color rojo, protege de los daños oxidativos asociados al envejecimiento. Las bayas aportan abundante fibra soluble, que favorece la eliminación de desechos y, con ello, una piel más limpia y radiante.

1 remolacha cruda • 1 manzana • 175 g de bayas variadas, como arándanos y frambuesas, y 2 o 3 más para decorar

Licúe la remolacha y la manzana. Ponga el zumo en la batidora con las bayas. Añada 100 ml de agua y mezcle hasta obtener una textura homogénea. Decore con las bayas frescas.

BENEFICIOS PARA LA SALUD
*Las bayas son una maravillosa fuente de **antocianidinas,** antioxidantes que **incrementan la potencia de la vitamina C,** importante para la producción de colágeno (que **mantiene la piel suave).***

Análisis nutricional por ración: *Calorías 102 kcal • Proteínas 2,2 g • Proteínas 2,2 g • Carbohidratos 23,8 g [de los cuales, azúcares 22,6 g] • Grasas 0,5 g*

< cura para heridas

La pulpa del mango de este zumo aumenta
el contenido en fibra, que le ayudará
a eliminar los desechos de manera eficaz
y a disfrutar de una piel limpia y fresca.
El zinc y la vitamina A son muy importantes
para curar heridas; este zumo contiene
los dos en abundancia.

**150 g de piña (pulpa) • 75 g de fresas
• ½ mango pelado, deshuesado y troceado
• 5 cucharadas de yogur natural desnatado
• 1 cucharadita de aceite de semillas de lino**

Licúe la piña y las fresas. Ponga el zumo
en la batidora con el resto de ingredientes
y mezcle hasta obtener una consistencia
homogénea y cremosa.

BENEFICIOS PARA LA SALUD
*El aceite de semillas de lino es una de las mejores
fuentes vegetales de **grasas esenciales omega-3,
vitales para las células** y capaces de incrementar
la tasa metabólica del cuerpo, lo que ayuda
a **quemar el exceso de grasa**.*

Análisis nutricional por ración: *Calorías 193 kcal
• Proteínas 5,2 g • Carbohidratos 35,8 g [de los cuales,
azúcares 33,9 g] • Grasas 4,3 g*

malibú mágico

Rebosante de vitamina C, en especial
de la guayaba y la lima, este zumo es
excelente para la producción de colágeno
y elastina, que son esenciales para disfrutar
de una piel suave y de aspecto joven.

**1 guayaba • 1 lima pelada • 150 g de piña (pulpa)
• 150 ml de leche de coco • ½ papaya pelada
y sin semillas • una pizca de nuez moscada
rallada • una pizca de canela • cubitos
de hielo y ralladura de lima para servir**

Licúe la guayaba, la lima y la piña.
Ponga el zumo en la batidora con el resto
de ingredientes y mezcle hasta obtener
una textura homogénea. Sirva con hielo
y decore con la ralladura de lima.

BENEFICIOS PARA LA SALUD
*La piña y la papaya son ricas en **enzimas
digestivas** que favorecen la digestión y **aceleran
la eliminación de desechos**, lo que contribuye
a mantener una **piel limpia y joven**. La leche
de coco posee **propiedades antiinflamatorias**,
por lo que se trata de un ingrediente útil
si sufre algún tipo de problema cutáneo.*

Análisis nutricional por ración: *Calorías 134 kcal
• Proteínas 2,4 g • Carbohidratos 30,3 g [de los cuales,
azúcares 25,6 g] • Grasas 1,2 g*

< refresco verde

¿Tiene la piel y el cabello secos? Aborde el problema con este delicioso hidratante interno. Rico en grasas saludables, vitamina C y E, y agua, este zumo le ayudará a mantener una piel radiante y aportará un brillo esplendoroso a su cabello.

½ pepino • 3 kiwis pelados • ½ aguacate pelado y deshuesado • 1 cucharada de zumo de limón • 2 hojas de melisa • 1 puñado de cubitos de hielo

Licúe el pepino y los kiwis. Ponga el zumo en la batidora con el resto de ingredientes y mezcle hasta obtener una textura homogénea.

BENEFICIOS PARA LA SALUD
*La melisa es **relajante y antidepresiva**, por lo que ayuda a **aliviar los problemas cutáneos** relacionados con el estrés. Además, posee propiedades **antihistamínicas** que contribuyen a **aliviar la piel inflamada**.*

Análisis nutricional por ración: *Calorías 200 kcal • Proteínas 4,1 g • Carbohidratos 22,7 g [de los cuales, azúcares 20,3 g] • Grasas 10,8 g*

calentador de ciruelas y especias

Para tener una piel limpia es necesario que el sistema digestivo y la piel eliminen las toxinas del cuerpo. Este zumo es rico en antioxidantes beneficiosos para la piel que ayudan a combatir las agresiones de las toxinas. Además, cuenta con abundante fibra soluble, que facilita la digestión.

2 manzanas • un trozo de 1 cm de jengibre pelado • 6 ciruelas pasas deshuesadas • 2 anises estrellados • 8 vainas de cardamomo

Licúe las manzanas y el jengibre. Ponga el zumo en la batidora con 125 ml de agua y las ciruelas, y mezcle hasta obtener una consistencia cremosa. Vierta la preparación en un cazo con las especias, lleve a ebullición, baje el fuego y deje cocer durante 5 minutos. Espere a que se enfríe un poco, cuele y sirva.

BENEFICIOS PARA LA SALUD
*El cardamomo, el anís estrellado y el jengibre son especias **reconfortantes y estimulantes** que ayudan a **mejorar la circulación y combaten los problemas digestivos** (incluidos los gases y las náuseas). Esa misma función es la que hace que **purifiquen el organismo**, una tarea vital para mantener una piel radiante.*

Análisis nutricional por ración: *Calorías 89 kcal • Proteínas 1,5 g • Carbohidratos 21,8 g [de los cuales, azúcares 20,6 g] • Grasas 0,4 g*

crema de caqui

Si advierte que su cabello, sus ojos y su piel están un poco apagados, apórteles brillo con este batido repleto de proteínas y vitaminas. El tofu y la leche de soja proporcionan fitoestrógenos, hormonas vegetales naturales que alivian los síntomas premenstruales y de la menopausia (que suelen reflejarse en el estado de la piel).

2 caquis pelados • 2 manzanas • 50 g de tofu sedoso • 60 g de mango pelado, deshuesado y troceado • 150 ml de leche de soja

Licúe los caquis y las manzanas. Ponga el zumo en la batidora con el resto de ingredientes y mezcle hasta obtener una consistencia cremosa.

BENEFICIOS PARA LA SALUD

*Los caquis son muy **ricos en antioxidantes**, incluidos vitamina C, betacaroteno, licopeno, luteína y zeaxantina. Todos ellos son nutrientes muy valiosos para mantener la salud de la piel y los ojos, así como para **evitar la degeneración macular**. Además, proporcionan **fibra soluble**, que **facilita la eliminación de desechos**, y **manganeso**, necesario para la producción de la enzima superóxido dismutasa, un **potente antioxidante, que, además, protege el hígado**.*

Análisis nutricional por ración: *Calorías 255 kcal • Proteínas 9,5 g • Carbohidratos 46,3 g [de los cuales, azúcares 43,3 g] • Grasas 4,7 g*

ataque antiimperfecciones

Este delicioso zumo de color naranja está repleto de betacaroteno, necesario para producir vitamina A, un importante nutriente para el control de la producción de grasa. Además, esta vitamina es un potente nutriente antienvejecimiento. Al combinarse con el zinc de las pipas de calabaza, puede ayudar a curar y rejuvenecer la piel.

½ boniato • 300 g de melón cantalupo (pulpa) • 1 ramito de brécol • ½ pimiento rojo sin semillas • 2 cucharaditas de pipas de calabaza

Licúe las verduras y las frutas. Ponga el zumo y las pipas de calabaza en la batidora y mezcle bien todos los ingredientes.

BENEFICIOS PARA LA SALUD
*Las pipas de calabaza son ricas en nutrientes esenciales para una piel y un cabello sanos: entre ellos, zinc, hierro, cobre, manganeso y proteínas. Constituyen una buena **fuente vegetal de grasas omega-3**, con propiedades **antiinflamatorias**, y son capaces de **mantener la piel fresca y radiante**. Además, contiene abundantes **vitaminas del grupo B**, que aumentan los niveles de energía, y proteínas que ayudan a estabilizar **los niveles de azúcar en sangre** (y a evitar los ataques de hambre).*

Análisis nutricional por ración: *Calorías 187 kcal • Proteínas 6,1 g • Carbohidratos 30,4 g [de los cuales , azúcares 18,5 g] • Grasas 5,4 g*

haciendo equilibrios

Aporte a su cabello y su piel una inyección nutritiva con este cóctel de superalimentos, una buena fuente de proteínas, grasas esenciales y fitoestrógenos para equilibrar las hormonas y convertir la piel seca y escamosa en un cutis radiante.

150 g de piña (pulpa) • 60 g de espinacas mini o de col verde • 1 plátano pequeño • 2 cucharaditas de raíz de maca en polvo • 150 ml de leche de soja • 1 cucharadita de semillas de lino molidas

Licúe la piña y las espinacas. Ponga el zumo en la batidora con el resto de ingredientes y mezcle hasta obtener una textura cremosa.

BENEFICIOS PARA LA SALUD
*Las semillas de lino son ricas en **lignanos**, que el cuerpo convierte en sustancias similares a hormonas beneficiosas para el **reequilibrio de los niveles hormonales**. Ayudan a **evitar los problemas cutáneos de origen hormonal**. Además, abundan en **ácidos grasos omega-3**, que **nutren las células** y mantienen la piel suave y joven. Las semillas de lino molidas ejercen un **efecto depurador** en el organismo.*

Análisis nutricional por ración: *Calorías 250 kcal • Proteínas 9,1 g • Carbohidratos 43,2 g [de los cuales, azúcares 31,5 g] • Grasas 5,7 g*

bótox instantáneo >

Si desea suavizar las arrugas y las líneas de expresión de forma natural, pruebe este sensacional zumo repleto de grasas esenciales para la nutrición de la piel, y de frutas y verduras hidratantes, que mejorarán el aspecto de su cutis. Además, rebosa vitamina C, que estimula la producción de colágeno.

1 manzana, y 1 o 2 rodajas para decorar • 1 naranja • ¼ de aguacate pelado, deshuesado y troceado • ½ mango pelado, deshuesado y troceado • 1 cucharada de semillas de cáñamo peladas • ½ cucharadita de néctar de ágave • 4 cucharadas de yogur natural desnatado • cubitos de hielo para servir

Licúe la manzana y la naranja. Ponga el zumo en la batidora con el resto de ingredientes y 80 ml de agua, y mezcle hasta obtener una textura homogénea. Sirva con hielo y decore con rodajas de manzana.

BENEFICIOS PARA LA SALUD
*El yogur natural es **rico en biotina**, una vitamina B que favorece la **conversión de las grasas esenciales en agentes químicos activos para la salud de las células de la piel**.*

Análisis nutricional por ración: *Calorías 294 kcal • Proteínas 10,5 g • Carbohidratos 37,6 g [de los cuales, azúcares 33,5 g] • Grasas 12,7 g*

< explosión de grosellas negras

Depurador y rico en vitamina C, este zumo supone un gran remedio para cualquier problema cutáneo. Además, le ayudará a mantener una piel lisa y radiante. Está repleto de fibra soluble, que favorece la digestión y, con ella, la eliminación de toxinas, que se traduce en una piel sin imperfecciones.

2 peras • 115 g de grosellas negras • 1 pomelo rosa pelado • cubitos de hielo y menta para servir

Licúe todos los ingredientes. Sirva con hielo y decore con una ramita de menta.

BENEFICIOS PARA LA SALUD
*Las grosellas negras son muy ricas en **vitamina C y bioflavonoides**, necesarios para la **producción de colágeno**. Además, contienen abundantes antocianidinas y polifenoles, **antioxidantes** que ayudan a **proteger contra los efectos del envejecimiento**. Asimismo, **fortalecen los capilares y combaten la inflamación**.*

Análisis nutricional por ración: *Calorías 200 kcal • Proteínas 3,2 g • Carbohidratos 48,5 g [de los cuales, azúcares 46,2 g] • Grasas 0,5 g*

depurador de uva y limón

Éste es un zumo hidratante y depurador que le ayudará a rejuvenecer la piel. Los antioxidantes de las uvas negras favorecen la función de los capilares, lo que resulta de ayuda en la lucha contra la celulitis y para reducir las varices prominentes.

250 g de melón cantalupo (pulpa) • 1 limón pelado y 1 rodaja más para decorar • 250 g de uvas negras sin pepitas • cubitos de hielo para servir

Licúe todos los ingredientes. Sirva con hielo y decore con una rodaja de limón.

BENEFICIOS PARA LA SALUD
*Las uvas negras son especialmente ricas en los **flavonoides** quercetina y resveratrol, con **propiedades antioxidantes y antiinflamatorias**. El elevado contenido en agua y fibra de las uvas hace que sean un alimento **depurador por excelencia**, ya que favorecen la eliminación de toxinas.*

Análisis nutricional por ración: *Calorías 226 kcal • Proteínas 2,8 g • Carbohidratos 55,9 g [de los cuales, azúcares 53,2 g] • Grasas 0,6 g*

zumos energéticos

Si se levanta a menudo con la sensación de no haber descansado, o si le cuesta permanecer alerta a lo largo del día, los zumos que estimulan la vitalidad incluidos en este capítulo son para usted. Todos están repletos de los nutrientes que necesita el cuerpo para generar energía: son bajos en carbohidratos refinados y ricos en proteínas, y optimizarán su rendimiento mental y físico a lo largo del día, todos los días. Algunos de estos zumos y batidos, como la crema energética de tofu, están pensados para poner el cuerpo en acción; otros, como el revitalizante de las Highlands, aportan energía instantánea de los azúcares naturales, pero también ofrecen energía de liberación lenta gracias a la avena y a los frutos secos (y le ayudarán a mantener el ritmo de la mañana a la noche). Y algunos son batidos cargados de energía que le permitirán recuperarse después del ejercicio. En conjunto, este capítulo contiene zumos energéticos que le ayudarán a aumentar su vitalidad. Se incluye un ejemplo de programa a seguir, de manera que recuperar el buen ritmo no puede ser más fácil ni más delicioso.

< energía verde, página 130

programa de los zumos energéticos

El cuerpo utiliza constantemente oxígeno para convertir en energía los carbohidratos, las grasas y las proteínas de los alimentos. Es lo que se conoce como ciclo de Krebs. Para que ese ciclo funcione de manera eficaz, el cuerpo necesita determinadas vitaminas y minerales que estimulen el proceso.

Los niveles bajos de esos nutrientes vitales perjudican el buen funcionamiento del ciclo de Krebs y nos hacen estar cansados y aletargados. Los niveles de energía también se ven afectados por la cantidad de alimentos azucarados o procesados que consumimos. Los dulces y los alimentos muy refinados, con harinas blancas, provocan fluctuaciones rápidas en los niveles de azúcar en sangre, y se produce una caída de la energía que nos deja cansados y aletargados (además de influir en el estado de ánimo y en la capacidad de concentración). Para aportar energía sostenible al cuerpo es importante comer no sólo alimentos que proporcionen los nutrientes necesarios para producir energía, sino también aquellos que liberan el azúcar lentamente en el flujo sanguíneo.

Nutrientes de los zumos energéticos

Todos los zumos de este capítulo proporcionan nutrientes ricos en energía. Por tanto, si sigue una dieta rica en grasas saludables, proteínas de alta calidad (por ejemplo, las de las carnes magras de aves y el pescado) y carbohidratos complejos (presentes en los alimentos integrales, las frutas y las verduras) y los zumos de este capítulo, estará aportando a su cuerpo todo lo que necesita para disponer de energía durante todo el día.

Muchos de estos zumos están repletos de proteínas, esenciales para estabilizar los niveles de azúcar en sangre y evitar así los altibajos en la montaña rusa de la energía. Las proteínas también son fundamentales para el desarrollo de los músculos y para la recuperación del cuerpo después del ejercicio (que resulta esencial en cualquier programa de pérdida de peso).

Además, los zumos de este capítulo proporcionan los nutrientes vitales que el cuerpo necesita para el buen funcionamiento del ciclo de Krebs, incluidos vitaminas del grupo B, vitamina C, magnesio y cromo.

Consumir los zumos energéticos Si lleva un tiempo sintiéndose especialmente bajo de energía, pruebe a tomar dos o tres zumos cada día durante un mes; si no, tome un zumo diario dentro de su dieta sana habitual. En el cuadro inferior he incluido un ejemplo de comidas para un día como ayuda para empezar su programa de fomento de la energía. El plan está pensado para mejorar la energía mental y física, porque contiene alimentos que equilibran los niveles de azúcar en sangre y optimizan la capacidad de atención. Estabilizar los niveles de azúcar en sangre le ayudará a sentirse más saciado durante más tiempo, y a evitar esas bajadas de energía que le dejan cansado, lento y mentalmente agotado.

Asimismo, es importante que durante el proceso de recuperar sus niveles de energía evite en la medida de lo posible los alimentos procesados y refinados, como el pan blanco y la pasta, los dulces y la repostería.

ejemplo del plan de zumos energéticos

Desayuno Energía verde (**página 130**). Gachas preparadas con leche semidesnatada, arándanos y almendras fileteadas

Tentempié de media mañana Tortas de avena con queso fresco

Comida Revitalizante de las Highlands (**página 138**). Sopa de verduras y legumbres (para dos personas): pique 1 cebolla roja, 2 dientes de ajo, 2 ramas de apio y 2 zanahorias; saltee durante 2 o 3 minutos con 1 cucharadita de aceite de oliva. Añada 800 ml de caldo de verduras y aderece. Lleve a ebullición, baje el fuego, tape y deje cocer durante 20 minutos, o hasta que las verduras estén tiernas. Añada 400 g de judías escurridas y un chorrito de vinagre balsámico. Caliente bien la sopa. Espolvoree con semillas de cáñamo y sirva con 1 pita integral para cada comensal

Tentempié de media tarde Crema de chocolate y sésamo (**página 142**)

Cena Filete de cordero asado con verduras variadas al vapor y una patata pequeña asada. Cuenco de cerezas

energía verde

Este zumo verde proporciona una impresionante cantidad de enzimas, vitaminas, minerales y aminoácidos que el cuerpo absorbe rápidamente para obtener una inyección de energía instantánea. Repleto de clorofila revitalizante, este zumo es vitalidad líquida.

½ pepino • 1 manzana • 150 g de piña (pulpa) • 1 puñado grande de hojas de col • 1 puñado de semillas germinadas, y unas cuantas más para decorar, o 1 cucharadita de pasto de trigo en polvo • 2 cucharaditas de pipas de girasol

Licúe todos los ingredientes excepto las pipas. Ponga el zumo en la batidora con las semillas y mezcle hasta obtener una consistencia homogénea. Sirva y decore con unas cuantas semillas germinadas.

BENEFICIOS PARA LA SALUD
*Las pipas de girasol ofrecen una fuente concentrada de nutrientes, especialmente **vitamina E (beneficiosa para la salud en general), selenio y magnesio**. La vitamina E y el selenio, antioxidantes, poseen **propiedades antiinflamatorias** que resultan beneficiosas para la **salud de las articulaciones**. Las semillas también contienen **grasas insaturadas saludables y fitosteroles**, que ayudan a reducir el colesterol y **favorecen la salud del corazón**.*

Análisis nutricional por ración: *Calorías 184 kcal • Proteínas 5,7 g • Carbohidratos 28 g [de los cuales, azúcares 24,7 g] • Grasas 6,1 g*

crema energética de tofu >

Dulce y cremoso, este batido delicioso y espeso es perfecto para un desayuno rápido y saciante. Rico en vitamina C y betacaroteno, así como en azúcares naturales, le aportará un extra de energía instantánea cada vez que se levante cansado.

3 naranjas peladas • 75 g de tofu sedoso • 4 orejones de albaricoque • 1 melocotón deshuesado, y una rodaja para decorar • 150 ml de leche de soja

Licúe las naranjas, ponga el zumo en la batidora con el resto de ingredientes y mezcle hasta obtener una textura uniforme. Sirva y decore con una rodaja de melocotón.

BENEFICIOS PARA LA SALUD
*Los orejones de albaricoque son una fuente concentrada de nutrientes y azúcares naturales, incluidos **betacaroteno, hierro, potasio, calcio y magnesio**. La hemoglobina, la proteína que transporta el oxígeno por el organismo, necesita hierro para funcionar correctamente. Por tanto, este mineral es un nutriente esencial para **disponer de un nivel de energía óptimo**.*

Análisis nutricional por ración: *Calorías 266 kcal • Proteínas 14,7 g • Carbohidratos 40,8 g [de los cuales, azúcares 38,2 g] • Grasas 6 g*

< magia de pera y anacardos

Las espinacas y los anacardos dan lugar a un batido rico en hierro, que es energía pura en un vaso. Las peras y el limón ofrecen abundante vitamina C para ayudar al organismo a convertir los nutrientes en energía.

1 ½ pera pelada • ½ limón pelado • 1 rama de apio y 2 más para decorar • 1 puñado pequeño de hojas de espinacas • 40 g de anacardos

Licúe las frutas y las verduras. Ponga el zumo en la batidora con los anacardos, añada 125 ml de agua y mezcle hasta obtener una consistencia cremosa. Sirva y decore con palitos de apio.

BENEFICIOS PARA LA SALUD
*Los anacardos son ricos en **cobre** y **hierro**, dos nutrientes importantes para la **producción de glóbulos rojos**. Además, aportan **proteínas**, **magnesio** y **zinc** para unos **huesos, un cabello y una piel sanos**.*

Análisis nutricional por ración: *Calorías 317 kcal • Proteínas 8,5 g • Carbohidratos 30,5 g [de los cuales, azúcares 24,2 g] • Grasas 18,7 g*

batido satay

Este batido combina proteínas y azúcares naturales, con la consiguiente aportación de energía instantánea y, a la vez, de liberación lenta para mantenerse en buena forma durante todo el día.
El pepino, el apio y la sandía son excelentes alimentos hidratantes que refrescan y rejuvenecen el organismo.

225 g de sandía • 1 tomate • 1 rama de apio • ½ pepino • 1 cucharadita mantequilla de cacahuete sin sal ni azúcar

Licúe la fruta y las verduras. Ponga el zumo en la batidora con la mantequilla de cacahuete y mezcle hasta obtener una consistencia cremosa.

BENEFICIOS PARA LA SALUD
*Esta combinación de verduras y frutas aporta abundante **potasio y otros electrolitos** que ayudan a **mantener el equilibrio de fluidos**, algo especialmente importante después del ejercicio.*

Análisis nutricional por ración: *Calorías 146 kcal • Proteínas 4,6 g • Carbohidratos 21,6 g [de los cuales, azúcares 19,9 g] • Grasas 5,2 g*

< estimulante sanguíneo

Cada vez que se sienta agotado o bajo de energía, prepárese este tónico púrpura. La remolacha y las espinacas son ingredientes fantásticos para estimular la producción de hemoglobina, que transporta oxígeno a la sangre. El pepino hidrata el cuerpo, ayuda a aliviar la fatiga y a recuperar el equilibrio de electrolitos, esencial para mantener los niveles de energía y el buen funcionamiento de los músculos.

½ pepino • 1 remolacha • 1 puñado de hojas de espinaca • 2 manzanas • 1 cucharadita de levadura de cerveza o levadura en copos

Licúe las verduras y las frutas. Ponga el zumo en la batidora con la levadura y mezcle todos los ingredientes.

BENEFICIOS PARA LA SALUD
*La levadura de cerveza es una levadura inactiva **rica en vitaminas del grupo B**, **aminoácidos** y **minerales**. Debido a su alto contenido en vitamina B, se trata de un gran estimulante de la energía para tomar entre comidas. **Favorece el metabolismo del cuerpo**, lo que facilita el **control del peso**.*

Análisis nutricional por ración: *Calorías 108 kcal • Proteínas 4 g • Carbohidratos 22,2 g [de los cuales, azúcares 20,7 g] • Grasas 0,8 g*

el vigorizante

Este zumo es el revitalizante perfecto. La remolacha es un excelente tónico para la sangre, ayuda a incrementar la capacidad de transporte de oxígeno de la misma y estimula la circulación. Los copos de nori proporcionan una gran fuente de minerales y yodo, que estimulan el metabolismo y favorecen el funcionamiento de la glándula tiroides (reguladora de la velocidad con la que el cuerpo quema energía).

½ remolacha • ½ zanahoria • 1 manzana • 1 naranja pelada • ¼ de pepino • ½ cucharadita de aceite de semillas de lino o de aceite omega 3-6-9 • ½ cucharadita de copos de nori

Licúe las verduras y las frutas. Añada el aceite y los copos de nori, y remueva.

BENEFICIOS PARA LA SALUD
*La nori es rica en las **antioxidantes vitaminas A y C**, en **vitamina B2** y en **magnesio**, imprescindibles para la **producción de energía**. El aceite de semillas de lino es rico en **grasas esenciales omega-3**, utilizadas por el cuerpo para producir sustancias similares a las hormonas conocidas como prostaglandinas que, a su vez, **controlan el metabolismo y reducen la inflamación**. Estas grasas saludables ayudan a quemar las grasas y **reducen los niveles de colesterol y triglicéridos** (grasas) en sangre.*

Análisis nutricional por ración: *Calorías 115 kcal • Proteínas 3,3 g • Carbohidratos 23,9 g [de los cuales, azúcares 21,7 g] • Grasas 1,4 g*

cáñamo y verduras

Repleto de grasas esenciales y proteínas, que aportan energía, este batido resulta dulce y saciante. Es una excelente bebida para tomar antes de practicar deporte o como tentempié para la fase de recuperación, para controlar los ataques de hambre. Prepare bastante y tómelo a lo largo del día o bien en el desayuno si no dispone de mucho tiempo.

½ plátano • 2 puñados grandes de hojas de espinacas • 150 ml de agua de coco • ½ mango pelado, deshuesado y troceado • 1 cucharada de semillas de cáñamo peladas • 1 cucharada de néctar de ágave • ½ cucharadita de canela • cubitos de hielo para servir

Mezcle todos los ingredientes en la batidora hasta obtener una consistencia homogénea. Sirva con hielo.

BENEFICIOS PARA LA SALUD
*Las semillas de cáñamo son muy ricas en **ácidos grasos esenciales omega-6 y omega-3**, que favorecen la **salud de las células**. Además, constituyen una excelente **fuente de proteínas**. Ricas en grasas y antioxidantes, son estupendas para **contrarrestar las inflamaciones** a consecuencia de la falta de salud o de una lesión.*

Análisis nutricional por ración: *Calorías 265 kcal • Proteínas 8,2 g • Carbohidratos 43,5 g [de los cuales, azúcares 31,8 g] • Grasas 7,8 g*

calabaza dulce >

Olvídese de las bebidas energéticas azucaradas: este zumo está repleto de antioxidantes energizantes, vitamina C y betacaroteno. Contiene abundantes proteínas y grasas saludables para disfrutar de una fuente de energía fiable. Dispone de una opción con burbujas: en lugar de agua mineral, utilice agua con gas.

2 naranjas peladas • 150 g de calabaza pelada y sin semillas • 15 g de pacanas • 2 dátiles • ½ cucharadita de extracto de vainilla

Licúe las naranjas y la calabaza. Ponga el zumo en la batidora con el resto de ingredientes y 150 ml de agua. Mezcle hasta obtener una consistencia cremosa.

BENEFICIOS PARA LA SALUD
*La calabaza aporta unos excelentes niveles de betacaroteno, luteína y zeaxantina, **potentes antioxidantes** que protegen **los ojos** y poseen **propiedades antiinflamatorias**. Por ello resulta útil para tratar los problemas articulares, incluida la **artritis reumatoide**. Buena fuente de **fibra soluble**, la calabaza es beneficiosa para **la salud del aparato digestivo** y ayuda a **reducir el riesgo de padecer cáncer de colon**.*

Análisis nutricional por ración: *Calorías 259 kcal • Proteínas 5,8 g • Carbohidratos 36,8 g [de los cuales, azúcares 29,5 g] • Grasas 10,9 g*

revitalizante de las Highlands

Los copos de avena y los frutos secos de esta versión sana de un postre típico escocés (elaborado con nata montada, frambuesas y whisky) aportan abundante energía de liberación lenta, así como proteínas que reducen los ataques de hambre (si desea que el batido no contenga gluten, utilice copos de alforfón). Las avellanas en particular son una excelente fuente de proteínas, además de ser ricas en manganeso, un mineral que estabiliza el nivel de azúcar en sangre.

½ cucharadita de mantequilla de coco o de aceite de oliva • ½ cucharadita de néctar de ágave o de miel • ¼ de cucharadita de canela • 1 ½ cucharada de copos de avena • 1 cucharada de avellanas • 2 ciruelas • 115 g de frambuesas congeladas • ½ cucharadita de agua de rosas • 4 cucharadas de yogur natural desnatado

Caliente la mantequilla de coco en una sartén con el ágave y la canela. Añada los copos de avena y las avellanas. Dórelos de 2 a 3 minutos y retire del fuego. Licúe las ciruelas. Ponga el zumo en la batidora con el resto de ingredientes y la preparación de la sartén, y mezcle hasta obtener una textura cremosa y homogénea. Diluya con un poco de agua si queda demasiado espeso.

BENEFICIOS PARA LA SALUD
*Las avellanas son una de las fuentes más ricas en **vitamina E**, un poderoso antioxidante que ayuda a **neutralizar los radicales libres** (capaces de dañar las células y provocar problemas de salud). Las frambuesas y las ciruelas proporcionan **fibra, que facilita el tránsito intestinal**, además de estar repletas de antioxidantes, vitaminas y minerales (con el consiguiente bienestar general). La miel es **antivírica, antibacteriana** y **beneficiosa para las heridas**; contribuye a **mantener un sistema digestivo sano**.*

Análisis nutricional por ración: Calorías 314 kcal • Proteínas 11,3 g • Carbohidratos 38,4 [de los cuales, azúcares 16,8 g] • Grasas 14,2 g

energizante de pera

Para un aporte rápido de energía cuando ésta escasea, pruebe este refrescante zumo, rico en agua y azúcares naturales. Se trata de una bebida perfecta para tomar antes del ejercicio.

2 peras • 150 g de uvas blancas • 1 ciruela roja deshuesada • 3 hojas de menta • 1 cucharadita de aceite de semillas de lino • agua con gas para servir

Licúe las peras, las uvas, la ciruela y las hojas de menta. Añada el aceite y remueva. Complete el zumo con agua con gas.

BENEFICIOS PARA LA SALUD
*Las peras contienen **abundante fibra alimentaria**, que ayuda a mantener la salud de los intestinos y podría **reducir el riesgo de padecer cáncer de colon**. Además, son ricas en **vitamina C, que estimula el sistema inmunológico**, y en **cobre**, un mineral con un efecto **antioxidante**. Las uvas blancas poseen un alto contenido en minerales, que ayudan a **reequilibrar los niveles de ácido /base**, así como a **reponer electrolitos**, que permiten a las células comunicarse entre sí (y que pueden descender durante la práctica de ejercicio). Además, son fantásticas para **depurar el hígado y los riñones**.*

Análisis nutricional por ración: Calorías 248 kcal • Proteínas 2,7 g • Carbohidratos 57,4 g [de los cuales, azúcares 53,1 g] • Grasas 2,6 g

delicia de higos

Rebosantes de azúcares naturales, las uvas son un combustible perfecto y proporcionan minerales esenciales que pueden perderse durante el ejercicio intenso. La proteína en polvo ayuda a estabilizar los niveles de azúcar en sangre para que los músculos dispongan de energía durante más tiempo.

200 g de uvas negras sin pepitas • 1 manzana • 3 higos • 3 naranjas chinas (quinotos) deshuesadas • 30 g de arándanos • 30 g de proteína de suero en polvo con sabor a vainilla • cubitos de hielo para servir

Licúe las uvas, la manzana, los higos y las naranjas chinas. Ponga el zumo en la batidora con los arándanos y la proteína en polvo. Mezcle hasta obtener una consistencia homogénea. Sirva con hielo.

BENEFICIOS PARA LA SALUD
*Las naranjas chinas aportan abundante **vitamina C, que contribuye a mantener el ciclo de Krebs** (véase pág. 128). Si se licúan enteras, también se extraen los **bioflavonoides beneficiosos** presentes debajo de la cáscara. Tal como se ha demostrado, estos potentes antioxidantes **protegen contra algunos tipos de cáncer**.*

Análisis nutricional por ración: *Calorías 285 kcal • Proteínas 22,2 g • Carbohidratos 49,7 g [de los cuales, azúcares 46 g] • Grasas 1,1 g*

batido para atletas >

Fácilmente digerible y nutritivo, este excelente batido es un tentempié perfecto para antes o después del ejercicio, ya que aumenta los niveles de energía y de resistencia muscular. No obstante, no es necesario ser un atleta para beneficiarse de sus bondades: también es estupendo si se siente indispuesto o si se está recuperando de una enfermedad.

225 g de cerezas deshuesadas • 2 granadas con las semillas y la pulpa • 30 g de proteína de suero en polvo con sabor a vainilla • 150 ml de leche de coco • 1 cucharadita de mantequilla de almendras • 1 cucharadita de lecitina en gránulos

Licúe las cerezas y las granadas. Ponga el zumo en la batidora con el resto de ingredientes y mezcle hasta obtener una textura homogénea y cremosa.

BENEFICIOS PARA LA SALUD
*El suero es una excelente opción para los atletas o cualquier persona con mucha actividad, ya que proporciona una **fuente equilibrada de aminoácidos** que ayudan a **evitar la rotura de fibras musculares**. Además, es una fantástica fuente de calcio (para la **salud de los huesos**) y posee propiedades **antiinflamatorias**.*

Análisis nutricional por ración: *Calorías 331 kcal • Proteínas 25,6 g • Carbohidratos 47,4 g [de los cuales, azúcares 43,4 g] • Grasas 5,5 g*

crema de chocolate y sésamo

Cremoso y saciante, este batido rebosante de proteínas no sólo calmará su apetito por el chocolate, sino que además le proporcionará energía instantánea para reponer las reservas de glucógeno, la molécula que almacena la energía en los músculos, cuando se sienta fatigado físicamente.

125 ml de leche desnatada • 100 ml de yogur natural desnatado • 1 plátano pequeño • 2 ciruelas pasas • ¼ de cucharadita de canela • una pizca de nuez moscada rallada • 1 cucharada de cacao puro en polvo • 1 cucharadita de *tahini*

Mezcle todos los ingredientes en la batidora hasta obtener una consistencia cremosa.

BENEFICIOS PARA LA SALUD
*Ricas en fitoesteroles, las semillas de sésamo (presentes en el tahini) ayudan a **reducir** el colesterol y **estimulan el sistema inmunológico**. Además, son muy ricas en **calcio** y **magnesio**, que **nutren los huesos y los músculos**, así como en **proteínas y en grasas esenciales** que mantienen el **equilibrio en los niveles de azúcar en sangre**.*

Análisis nutricional por ración: *Calorías 279 kcal • Proteínas 13,8 g • Carbohidratos 44,9 g [de los cuales, azúcares 31,2 g] • Grasas 5,8 g*

inyección de energía

Esta reconfortante bebida láctea está repleta de superalimentos, que le ayudarán a recuperar la energía. Es una excelente fuente de proteínas; ayuda a estabilizar los niveles de azúcar en sangre y a mantener la energía.

250 ml de leche de almendras • 2 cucharadas de cacao crudo en polvo • 1 cucharadita de raíz de maca en polvo • 1 cucharada de néctar de ágave • 1 cucharadita de aceite de semillas de lino • ½ cucharadita de ginseng en polvo o unas gotas de tintura de ginseng (opcional)

Mezcle todos los ingredientes en la batidora hasta obtener una consistencia homogénea y cremosa.

BENEFICIOS PARA LA SALUD
*Popular entre los atletas porque aporta energía natural instantánea, el ginseng contribuye a **desarrollar los músculos y la resistencia**. Conocido por sus propiedades **adaptógenas**, puede resultar útil para **afrontar el estrés y numerosos desequilibrios hormonales**. Además, es rico en diversas vitaminas, minerales y aminoácidos, incluidos **vitaminas del grupo B (que aportan energía) y hierro**.*

Análisis nutricional por ración: *Calorías 289 kcal • Proteínas 9,1 g • Carbohidratos 48,1 g [de los cuales, azúcares 10,9 g] • Grasas 7,5 g*

zumos protectores

Si goza de buena salud y se alimenta bien, su sistema inmunológico estará mucho

mejor preparado para enfrentarse a las infecciones. Sin embargo, cualquier

dieta en la que falten nutrientes esenciales para la salud del sistema inmunológico

nos convierte en propensos a las enfermedades. En este capítulo encontrará

zumos para el sistema inmunológico que reducirán las posibilidades de caer

enfermo. Todos los zumos son ricos en los antioxidantes, las vitaminas y los

minerales que optimizan el funcionamiento del sistema inmunológico y ayudan

al cuerpo a fabricar glóbulos blancos y anticuerpos para luchar contra las

enfermedades. Así, para obtener un impulso antioxidante contra los radicales

libres, ¿por qué no empieza el día con un tropical cremoso de fruta de la pasión

y coco, o con una revitalizante explosión tropical verde? Si ya está enfermo o

resfriado, tome un vaso de cura de bayas o el sensacional *sour* de miel y pomelo.

Todos los deliciosos zumos de este capítulo abundan en superalimentos que le

ayudarán a conseguir un cuerpo más fuerte y más sano.

< té de jengibre y cítricos, página 150

programa de los zumos protectores

El sistema inmunológico, increíblemente complejo, implica a varios mecanismos para ayudar al cuerpo a defenderse contra invasores como virus, bacterias y hongos que provocan enfermedades. Es esencial para el bienestar a corto y largo plazo.

Un sistema inmunológico que lucha noche y día para superar mucho más que resfriados, toses y gripes, y que funciona bien, nos protege contra enfermedades como el cáncer, evita la aparición de trastornos autoinmunes como la artritis reumatoide y ayuda a cicatrizar las heridas.

Dado que nunca se detiene, la inmunidad depende de un aporte continuado de nutrientes vitales para su buen funcionamiento. Muchos de los zumos de este capítulo incluyen alimentos proteicos (frutos secos, semillas, lácteos y tofu, por ejemplo) que ayudan al cuerpo a fabricar nuevas células inmunes para regenerar y renovar su capacidad curativa. Los alimentos proteicos también resultan de ayuda durante las convalecencias, ya que favorecen la recuperación del cuerpo.

Nutrientes que estimulan la inmunidad
Comprobará que todos los zumos de este capítulo son ricos en antioxidantes protectores, sobre todo en vitaminas A, C y E, y en carotenoides, bioflavonoides, selenio y zinc. Todos ellos ayudan al cuerpo a reducir la inflamación y a producir células especializadas en inmunidad. Además, fomentan la producción de anticuerpos. Los zumos ricos en vitamina B6 ayudan al cuerpo a producir aminoácidos vitales para la función inmunológica.

Los alimentos probióticos, como el yogur y el suero de leche, estimulan el funcionamiento inmunológico en los intestinos. Muchos de los zumos los incluyen. Algunos cuentan con alimentos y hierbas específicamente antimicrobianos, como la miel, el ajo, la cebolla y la equinácea; ayudan a combatir las infecciones y los resfriados.

Consumir los zumos para el sistema inmunológico Si está enfermo o ha padecido diversos resfriados en los últimos meses, le recomiendo que tome dos o tres zumos cada día durante un mes para reconstruir el sistema inmunológico. Utilice el ejemplo inferior para empezar su programa de refuerzo del sistema inmunológico. Intente que su dieta sea baja en azúcar, ya que es un enemigo del sistema inmunológico. Más adelante, un zumo diario debería bastarle para mantener el sistema en condiciones óptimas.

ejemplo del plan de zumos protectores

Desayuno Batido de suero y cerezas (**página 156**). Un huevo escalfado con una tostada integral untada con *tahini*

Tentempié de media mañana 1 puñado de nueces de Brasil y 1 de ciruelas pasas

Comida Tónico vegetal (**página 155**). Pechuga asada de pollo ecológico, acompañada de una ensalada: 1 remolacha cocida picada, 1 tomate picado y ½ pimiento rojo picado, todo ello mezclado con 1 puñado de hojas verdes oscuras para ensaladas. Esparza pipas de calabaza y aliñe con un chorrito de zumo de limón.

Bayas variadas con yogur natural desnatado

Tentempié de media tarde Té de jengibre y cítricos (**página 150**). Tortas de avena con mantequilla de frutos secos

Cena Cuenco de sopa de *miso* (utilice una marca de buena calidad y siga las instrucciones del paquete). Gambas y verduras salteadas: mezcle 1 cucharada de zumo de limón y 1 de salsa de soja con ½ cucharadita de jengibre rallado y 1 diente de ajo picado. Caliente un poco de aceite de oliva en un wok o una sartén y añada un paquete de verduras para saltear (aproximadamente 150 g) con la mezcla de limón. Saltee a fuego fuerte hasta que las verduras queden crujientes. Añada 100 g de gambas cocidas y caliente todos los ingredientes. Salpimiente y corone con hojas de cilantro fresco. Acompañe con 85 g de arroz basmati cocido (unos 40 g en seco).

< cremoso de fruta de la pasión y coco

Naranja, fruta de la pasión y guayaba: este batido rebosa vitamina C, que le ayudará a combatir los resfriados y la gripe (y mucho más).

1 guayaba pelada • 1 naranja pelada • 4 frutas de la pasión, pulpa y semillas • 150 ml de leche de coco

Licúe la guayaba y la naranja. Ponga el zumo en la batidora con el resto de ingredientes y mezcle hasta obtener una consistencia cremosa.

BENEFICIOS PARA LA SALUD
*Además de muchísima vitamina C, la fruta de la pasión proporciona abundantes **fitoquímicos**, **ácidos fenólicos** y **flavonoides**, todos ellos conocidos por sus **propiedades antimicrobianas** y su capacidad para **inhibir el desarrollo de células cancerígenas**. La leche de coco es rica en **ácido láurico**, que el cuerpo transforma en una sustancia **antivírica** y **antibacteriana** conocida como monolaurina.*

Análisis nutricional por ración: *Calorías 115 kcal • Proteínas 3,8 g • Carbohidratos 24 g [de los cuales, azúcares 22,8 g] • Grasas 1,1 g*

tarta de pacanas

Afrutado y cremoso, este zumo es una maravilla para el sistema inmunológico y está repleto de antioxidantes. Las proteínas de los frutos secos incrementan los glóbulos blancos, responsables de luchar contra las infecciones.

100 g de boniato • 1 manzana • ½ plátano • 1 cucharadita de miel • 15 g de pacanas • ½ cucharadita de canela • ½ cucharadita de especias variadas

Licúe el boniato y la manzana. Ponga el zumo en la batidora con el resto de ingredientes. Añada 200 ml de agua y mezcle hasta obtener una consistencia homogénea.

BENEFICIOS PARA LA SALUD
*Las pacanas proporcionan **una buena cantidad de ácido elágico**, que parece ser que cuenta con **propiedades anticancerígenas**, así como **vitamina E** y **selenio**, nutrientes antioxidantes. La miel es bien conocida por sus **propiedades antimicrobianas y antivirales**, mientras que el boniato aporta **vitamina A**, que es **antioxidante**.*

Análisis nutricional por ración: *Calorías 284 kcal • Proteínas 3,5 g • Carbohidratos 45,5 g [de los cuales, azúcares 27,2 g] • Grasas 11,1 g*

té de jengibre y cítricos

La combinación de cítricos, miel y té verde hace de este zumo una bebida superprotectora perfecta para los momentos en que no nos sentimos al cien por cien. Las especias aportan un toque reconfortante que ayuda a recuperarse.

1 bolsita de té verde • 1 rama de canela • 1 cucharadita de miel • 1 pomelo rosa pelado • 1 naranja pelada, y 1 rodaja para decorar • 1 limón pelado • un trozo de 1 cm de jengibre pelado • cubitos de hielo para servir (opcional)

Ponga la bolsita de té y la rama de canela en una jarra y vierta 150 ml de agua hirviendo. Añada la miel, deje reposar 5 minutos y cuele. Licúe el resto de ingredientes y agregue el zumo al té. Sírvalo y tómelo inmediatamente con una rodaja de naranja a modo de decoración, o deje enfriar e incorpore hielo.

BENEFICIOS PARA LA SALUD
Esta bebida es rica en **antioxidantes y bioflavonoides**, *que ayudan a* **reducir el riesgo de determinados cánceres**, *y en* **vitamina C**, *que fomenta la* **producción de anticuerpos**. *La miel posee propiedades* **antisépticas y antimicrobianas**, *y también es conocida por su capacidad para* **tratar quemaduras, úlceras, heridas y un gran número de infecciones**.

Análisis nutricional por ración: *Calorías 125 kcal • Proteínas 3,3 g • Carbohidratos 28,7 g [de los cuales, azúcares 27,2 g] • Grasas 0,5 g*

batido de vainilla

Este batido dulce, de sabor tropical, es rico en proteínas, un nutriente esencial para las defensas del organismo. El yogur constituye una fuente útil de bacterias beneficiosas que favorecen la salud inmunológica en general porque controlan las bacterias perjudiciales en el intestino.

10 lichis deshuesados • 30 g de proteína de suero con sabor a vainilla • 1 plátano pequeño • 2 nueces de Brasil • 150 ml de yogur natural o de vainilla desnatado

Mezcle todos los ingredientes en la batidora hasta conseguir una preparación homogénea. Diluya con un poco de agua si queda demasiado espeso.

BENEFICIOS PARA LA SALUD
*Las nueces de Brasil son una excelente fuente de **selenio**, necesario para producir glutatión, un antioxidante que, a su vez, **protege al organismo del estrés oxidativo y de las células cancerosas**.*

Análisis nutricional por ración: Calorías 378 kcal • Proteínas 30,4 g • Carbohidratos 52,8 g [de los cuales, azúcares 47,2 g] • Grasas 6,5 g

cura de bayas

Este zumo, delicioso si se toma caliente, es perfecto para el invierno. La tintura de equinácea es un extracto herbal que favorece el funcionamiento del sistema inmunológico y protege contra los virus de los resfriados. Junto con la miel, la equinácea potencia la capacidad protectora de este zumo.

2 manzanas • 115 g de arándanos • 115 g de grosellas negras • 15 gotas de tintura de equinácea • 1 cucharadita de miel

Licúe la fruta y añada la tintura y la miel. Caliente en un cazo de acero inoxidable, si lo desea.

BENEFICIOS PARA LA SALUD
*Las bayas de este zumo aportan una espectacular variedad de **antioxidantes**, en especial bioflavonoides, antocianidinas y vitamina C, que **alimentan a las células inmunológicas y favorecen la producción de anticuerpos**. Esos antioxidantes también participan en la **lucha del organismo contra los carcinógenos**, lo que supone una protección contra determinados tipos de cáncer.*

Análisis nutricional por ración: *Calorías 153 kcal • Proteínas 2,3 g • Carbohidratos 37,4 g [de los cuales, azúcares 35,7 g] • Grasas 0,4 g*

higos a la miel >

Si acaba de recuperarse de una enfermedad, no tiene apetito o necesita un reconstituyente rápido, éste es el zumo perfecto para recuperar la salud definitivamente.

3 higos • 2 manzanas • 150 ml de yogur natural desnatado • ½ cucharadita de canela, y un poco más para servir • 1 cucharadita de miel • 1 cucharada de almendras tostadas laminadas

Licúe los higos y las manzanas. Ponga el zumo y el resto de ingredientes en la batidora, y mezcle hasta obtener una consistencia homogénea. Espolvoree con un poco de canela antes de servir.

BENEFICIOS PARA LA SALUD
*Los higos contienen compuestos con **propiedades anticancerígenas**. Además, poseen **azúcares naturales, hierro y potasio**, que aportan energía instantánea y ayudan a **recuperar el equilibrio de líquidos**. Estupendos contra los problemas digestivos, los higos contienen ficina, una enzima que **ayuda a calmar los intestinos**.*

Análisis nutricional por ración: *Calorías 288 kcal • Proteínas 11,8 g • Carbohidratos 39,9 g [de los cuales, azúcares 37,6 g] • Grasas 10,2 g*

< sirope de arándanos rojos

Mucho mejor que un jarabe para la tos, este delicioso néctar rosado aborda ese problema, además de los resfriados y el dolor de garganta. Los arándanos rojos incrementan la resistencia del cuerpo a los ataques víricos, bacterianos y fúngicos.

225 g de arándanos rojos • 1 naranja pelada • 1 cucharada de miel • 115 g de frambuesas

Licúe los arándanos y la naranja. Ponga el zumo en la batidora con la miel y las frambuesas, y mezcle hasta obtener una consistencia homogénea.

BENEFICIOS PARA LA SALUD
*Los arándanos rojos son ricos en unos compuestos conocidos como **antocianidinas**, con **propiedades antioxidantes** y **cicatrizantes**. Estas bayas son muy conocidas por su **capacidad para mantener la salud del tracto urinario**, pero también se ha demostrado que ayudan a **inhibir las células cancerosas**, curan la **tos de pecho y el dolor de garganta**, y evitan las **infecciones gastrointestinales**.*

Análisis nutricional por ración: Calorías 130 kcal • Proteínas 3,8 g • Carbohidratos 29,3 g [de los cuales, azúcares 27,9 g] • Grasas 0,7 g

tónico vegetal

Repleta de antioxidantes protectores, esta sabrosa bebida constituye una alternativa deliciosa (y más sana) a los zumos de tomate o vegetales que se venden en las tiendas.

2 ramas de apio • 1 diente de ajo pequeño • 4 tomates • 1 puñado grande de hojas de espinacas y berros • 2 zanahorias

Licúe todos los ingredientes y mezcle bien.

BENEFICIOS PARA LA SALUD
*Los berros y las espinacas aportan **hierro** y **vitamina C**, sinónimos de **energía** y **resistencia**. Esta mezcla de verduras contiene betacaroteno, licopeno, luteína y zeaxantina, sustancias protectoras que ayudan a **evitar la degeneración macular asociada al envejecimiento** y otras enfermedades crónicas. El ajo contiene **poderosos compuestos azufrados depuradores y beneficiosos para el sistema inmunitario**, incluida la alicina (se cree que ayuda a **evitar el desarrollo de células cancerosas**). El ajo es un **poderoso antibiótico** que ayuda a **eliminar las infecciones**, sobre todo en el tracto digestivo, y un eficaz **descongestivo** contra los **síntomas del resfriado y la tos**.*

Análisis nutricional por ración: Calorías 107 kcal • Proteínas 5 g • Carbohidratos 18,7 g [de los cuales, azúcares 17,1 g] • Grasas 1,9 g

batido de suero y cerezas

Este batido de color rosado es curativo y rejuvenecedor. El suero de leche resulta útil en caso de intolerancia a la lactosa, ya que sus cultivos vivos beneficiosos la convierten en ácido láctico, más digerible. Si no encuentra suero de leche, utilice yogur natural desnatado.

2 manzanas • 125 ml de suero de leche • 115 g de cerezas deshuesadas • 1 plátano pequeño

Licúe las manzanas. Ponga el zumo en la batidora con el resto de ingredientes y mezcle hasta obtener una consistencia homogénea. Diluya con un poco de agua si queda demasiado espeso.

BENEFICIOS PARA LA SALUD
Como el yogur, el suero contiene abundantes **bacterias beneficiosas** *para la salud inmunológica de los intestinos. Las cerezas son conocidas por* **aliviar los dolores óseos y articulares**; *son ricas en* **flavonoides**, *que protegen* **contra determinados tipos de cáncer**. *Si se consume de forma habitual, este batido puede ayudar a* **aliviar los dolores abdominales y la diarrea**.

Análisis nutricional por ración: *Calorías 240 kcal • Proteínas 6,8 g • Carbohidratos 53,8 g [de los cuales, azúcares 49,5 g] • Grasas 1,1 g*

explosión tropical verde >

Ligero y refrescante, este zumo verde es fantástico para acelerar la recuperación. El agua de coco ayuda a restaurar los niveles de líquidos del organismo, que pueden desequilibrarse durante una enfermedad.

1 pera • 150 g de ramitos de brécol, y un ramito más para decorar • 1 puñado de pasto de trigo o 1 cucharada de pasto de trigo en polvo • 150 ml de agua de coco • 6 lichis deshuesados

Licúe la pera y el brécol, así como el pasto de trigo (si lo utiliza fresco). Ponga el zumo en la batidora con el resto de ingredientes (incluido el pasto de trigo en polvo) y mezcle hasta obtener una consistencia homogénea. Sirva decorado con una rama de brécol.

BENEFICIOS PARA LA SALUD
El pasto de trigo es **rico en clorofila**, *similar en composición a la sangre humana y* **oxigenadora de las células**, *y en* **vitaminas B, C, E y caroteno**, *que* **destruyen los radicales libres**. *Además, está repleto de* **aminoácidos, que favorecen la regeneración celular**. *El brécol contiene* **compuestos azufrados** *que contribuyen a* **proteger el hígado**.

Análisis nutricional por ración: *Calorías 190 kcal • Proteínas 7,9 g • Carbohidratos 37,3 g [de los cuales, azúcares 28,7 g] • Grasas 1,6 g*